KINDAINIHON TO ASIA : MEIJI, SHISOU NO JITSUZO

(近代日本とアジア　明治・思想の實像)

By BANNO Junji (坂野潤治)

Copyright © 2013 BANNO Kazuko

First paperback edition published in 2013 in Japan by Chikumashobo Ltd.

Korean translation rights arranged with Chikumashobo Ltd.

-본 역서는 재단법인 플라톤 아카데미의 "일본사 새로보기 출간 지원사업"의 연구 결과로 수행되었음

-This work was supported by the "A Rethinking on the Japanese History" Funding Program of Foundation Academia Platonica

근대일본과 아시아 – 메이지·사상의 실상

1판 1쇄 발행 2023년 12월 1일

반노 준지 지음 조국 옮김

편집 정철 표지 디자인 김상만

발행 정철 출판사 빈서재

이메일 pinkcrimson@gmail.com

ISBN 979-11-980639-1-5 (94910)

빈서재는 근현대사 고전 전문 출판사를 지향합니다. 번역하고 싶은 고전이 있다면 연락주세요. 제타위키에서 '빈서재 출판사'를 검색하시면 다양한 정보를 더 얻을 수 있습니다. https://zetawiki.com/wiki/beanshelf
이 책의 본문 편집은 LaTeX로 작업되었습니다. 많은 도움을 주신 KTUG 회원 여러분께 감사드립니다. http://ktug.org

근대일본과 아시아
메이지·사상의 실상

近代日本とアジア―明治・思想の實像

반노 준지 지음, 1977년
조국 옮김, 2023년

빈서재

지은이 반노 준지(坂野潤治). 일본의 역사학자. 전문은 일본근대정치사. 1937년생으로 도쿄대학을 졸업하고 지바대·오차노미즈여대·도쿄대 교수를 역임했다. 2020년 83세로 타계했다.
주요 저작으로『메이지 헌법체제의 확립』(1971),『다이쇼 정변』(1982),『근대 일본의 외교와 정치』(1985),『근대 일본의 국가구상』(1996, 요시노 사쿠조상),『일본 헌정사』(2008, 가도카와 겐요시상) 등이 있다. .

옮긴이 조국. 서울대 동양사학과와 와세다대학에서 공부했고, 성신여대 사학과 조교수로 재직하고 있다. 개항장 외국인의 존재를 축으로 삼아 일본의 대외관계사를 주로 연구하고 있다.『근대 조약과 동아시아 영토침탈 관련 자료 선집 1』편역 작업에 참여했다.

☐ 일러두기

1. 외래어의 우리말 표기는 기본적으로 국립국어원의 외래어표기법에 따랐다.

2. 일본어 표기는 한국인에게 비교적 익숙한 표기가 있거나 이해가 가능할 경우 우리말이나 한자음을 사용했고, 그 외의 인명과 지명 및 일본 역사용어는 일본어 그대로 표기했다. 서명의 경우는 기본적으로 같은 기준을 따르되, 필요시 독자의 이해를 위해 우리말 번역을 덧붙였다.

3. 중국 지명의 경우 북경(베이징), 요동(랴오둥), 교주만(자오저우만) 등 많이 사용되는 한국한자음을 유지하였다.

4. 연대 표기는 원사료 인용 부분을 제외하고 모두 서력으로 바꾸었다. 다만 서력으로 바꾸기 애매하거나 표기가 번거롭게 될 경우에는 부득이 원서의 연호 표기를 남겨두고 초출시 대략적인 연대를 제시했다.

5. 임오군란·갑신정변(임오·갑신사변) 등 역사적 사건은 주로 한국쪽 명칭을 사용했다.

6. 류큐처분(류큐병합), 지나(중국) 등 사료에서 사용한 용어는 되도록 당시 표기를 사용했다. 지나의 경우 맥락에 따라 적절히 중국으로 대치하였다.

7. 각주는 출전표기를 제외하고 [원주] 표시가 없는 한 모두 역자주이다.

차 례

차 례 6

서장 : '대외론'이라는 '사상의 실상' 13

제1장 임오군란·갑신정변 시기의 대외론 35
   들어가며 35
   1.1 '조선 개조론'의 구조와 '탈아론' 41
   1.2 '청일협조론'과 '탈아론' 70

제2장 청일·러일전쟁에 걸친 대외론 97
   들어가며 97
   2.1 『일본신문』의 '북수남진론' 105
   2.2 '중국 분할'의 개시와 '북수남진론' 111
   2.3 의화단 운동과 '북진론'의 대두 123
   2.4 청일·러일전쟁 사이의 대외론 132

제3장 신해혁명 전후의 대외론 137

들어가며 137
3.1 야마가타 아리토모의 탈아론적 대외론 . . . 141
3.2 야마가타 아리토모의 아시아주의적 대외론 147
3.3 야마가타 아리토모와 위안스카이 배척 정책 159
3.4 약간의 전망 171

제4장 결론 **179**

후쿠자와 유키치로 본 메이지 초기의 내정과 외교 . . . **199**

후기와 해설 **225**

초판 후기 225
문고판 후기 231
해설 : '탈아론'과 '아시아주의'라는 환영
. . . . (가루베 다다시) 235
역자 후기 243

찾아보기 **247**

《도쿠가와 시대사》를 내며

우리 한국 시민만큼 일본에 '관심'이 많은 경우도 달리 찾기 힘들 것이다. 거의 모든 분야에서 일본에 경쟁심을 불태우고, 그 동향에 신경을 쓰며 자주 비교한다. 일본여행, 일본음식, 일본문화가 우리의 일상이 된지는 이미 오래다. 그러나 그 지대한 '관심'에 비해 일본을, 특히 일본사를 얼마나 알고 있는가 자문해보면 자신 있는 대답이 나오기는 아마도 어려울 것이다. '관심'은 과도한데 정확한 지식과 정보에 기초한 체계적인 이해는 너무도 부족한, 그래서 무지와 오해가 난무하는 상황이 지금껏 계속되고 있다. 오늘날 어려움을 겪고 있는 한일 관계를 슬기롭게 풀어나가는 데에도, 이런 상황은 결코 도움이 되지 않을 것이다.

어느 사회나 국가를 제대로 이해하기 위해 그 역사를 알아야 하는 것은 긴 말을 필요로 하지 않는다. 이런 관점에서 우리의 현실을 볼 때 우려를 금할 수 없다. 그 중에서도 특히 일본사를 다룬 양서가 많이 부족한 것은 큰 문제라 할 수 있다. 그간 국내 일본사 연구가 크게 성장했음에도 불구하고 개별 논문만이 양산될 뿐 종합적·체계적으로 일본사를 분석, 소개하는 저작·번역서는 매우 적은 실정이다. 특히 주로 한일 관계사에 연구·출판이 집중된 탓에 현대 일본사회의 원점이라 할 도쿠가와시대와 메이지시대는 상황이 더 심각하다.

2019년 여름, 한국과 일본 관계는 해방 후 최악으로 치달았다. 여름방학 내내 하릴없이 막말기幕末期 정치사를 다룬 영어책을 투닥투닥 번역하며 일본연구자로서의 무력감을 삭이고 있을 때, 재단법인 플라톤 아카데미에서 반가운 제안을 해왔다. 일본사 연구 프로젝트를 지원하고 싶다는 것이었다. 나는 번역팀을 꾸려 도쿠가와 시대를 다룬 명저들을 번역하고 싶다고 답했다. 출판사도 찾기 힘든 무모한 제안이었지만 다행히도 재단측은 받아들여 줬다. 본서는 그 성과의 하나다. 이 자리를 빌어 재단 측에 감사드린다. 아울러 출판을 흔쾌히 맡아준 빈서재 출판사에도 감사의 말씀을 전하고 싶다.

저작권 문제로 도쿠가와 시대 이외의 책이 시리즈에 들어오기도 했지만 이 «도쿠가와 시대사»는 기본적으로 한국독자들에게 낯설기 짝이 없는 도쿠가와 시대를 체계적이고 명료하게 소개하고 있는 명저들을 골라 번역했다. 이 시도가 한국독자들이 도쿠가와 시대를 이해하는 데에 자그마한 디딤돌이라도 되었으면 하는 바람이다.

2022년 10월 22일
번역팀을 대표하여 박훈 적음

서장 : '대외론'이라는 '사상의 실상'

아시아주의와 탈아론

이 책은 본래『총서 신체의 사상』가운데 한 권[1]으로 간행되었다. 나에게 주어진 과제는 일본을 하나의 '신체'로 비유해 생각할 경우 메이지明治 중기부터 다이쇼大正 말기에 걸쳐[2] 이 '신체'가 조선·만주로 팽창함에 따라 비대해졌을 때 '신체'의 비대화를 지탱한 '정신'은 무엇이었는가를 검토하는 것이다.

---

1) 『叢書·身體の思想』(創文社, 1977), 전체 시리즈는 1 道の思想(寺田透), 2 型(源了圓), 3 惡(樫山欽四郎), 4 身體：東洋的身心論の試み(湯淺泰雄), 6 土の思想(宮田登), 7 氣質《かたぎ》の話(福田定良), 8 明治·思想の實像(坂野潤治), 9 戰前·「家」の思想(鹿野政直)으로 5권과 10권은 출간 여부를 확인할 수 없었다.
2) 대략 1880년대~1920년대 중반까지의 시기를 의미함. 메이지 시기는 1868~1912년, 다이쇼 시기는 1912~1926년에 해당한다.

서장 : '대외론'이라는 '사상의 실상'

물론 이 비대화를 불건전한 것으로 배척한 '정신'이 전혀 존재하지 않았던 것은 아니지만 극히 소수였던 것은 의심할 수 없다. 그리고 이 소수의 팽창 반대론자에 관해서는 희소가치가 있기에 상당한 연구가 진행되었다.

그러나 대부분의 일본 '사상가'나 '정치가'는 주권국가 조선 및 중국 영토인 만주로의 일본 침략을 다양한 논리를 사용해 정당화하고자 해 왔다. 이는 일부 번벌정치가나 군부 혹은 우익적 '아시아주의'자들만에 의해 추진되고 정당화된 것은 결코 아니며 '악'을 그대로 표출하여 얼핏 보아도 알 수 있는 논리로 정당화되어 온 것도 아니다.

때로는 '구미' 열강의 동아시아 침략의 절박성을 강조하고 이에 대항하기 위해서는 조선이나 중국은 일본의 지도를 받아들여야 한다고 논하며 일본의 조선 진출을 정당화하고자 했다. 또 다른 때에는 가까운 장래 '구미' 백인종에 의한 아시아 황인종의 정복이 시작되므로 황인종의 두 대국인 일본과 중국은 이에 대항하기 위해 협력해야 한다고 주창하며 중국 영토인 만주로의 진출을 강화했다. 그런가 하면 일본은 동양의 문명국으로 '아시아'나 '동문동종同文同種'·'순치보거脣齒輔車'3) 등 한중일의 전근대적 공통성에 구애받지 않고 '구미' 문명국과 행동을 함께 해야 한다는 논리에서 일본의 조선·만주 진출이 정당화되었다. 또 다른 때에는 이후 세계에서 대국으로 생존할 수 있는

---

3) 원문은 보거순치. 입술과 이, 수레의 가장자리에 덧댄나무와 바퀴의 관계처럼 서로 돕고 의지하며 없어서는 안 되는 깊은 관계를 의미한다.

것은 영토·자원·인구가 풍부한 나라뿐이며 미국과 러시아를 제외하면 가만히 앉아서 그같은 요건을 충족하는 나라는 없다, 영국이나 일본은 광대한 식민지의 유지·획득에 성공했을 때에만 이 생존경쟁 속에서 살아남을 수 있다라고 하며 조선·만주로의 침략을 정당화했다.

이러한 일본의 동아시아에 대한 팽창 정당화 논리 가운데 앞의 두 가지는 보통 '아시아 개조론'이나 '아시아주의'로 불리는 것이며 뒤의 두 가지는 '탈아론'이라 불리고 있다. 그러나 한편으로 아무리 메이지 중기·다이쇼 시기의 일본이 팽창주의적이었다고 해도 이 3~40년 동안 일본이 늘 팽창 정책을 취했던 것은 아니다. 일본이 이미 조선이나 만주에서 획득한 일정한 발판을 조선이나 만주에 똑같이 강한 관심을 가진 러시아나 중국으로부터 지키는 것이 일본의 주요한 과제였던 때도 있다. 이 경우에도 이미 획득한 지위나 권익을 지키기 위해 사용된 정당화 논리는 팽창시의 정당화 논리와 기본적으로 동일했다.

어느 때에는 '구미' 선진국의 하나인 러시아가 조선 진출을 노리고 있기 때문에 아시아의 두 독립국인 일본과 중국은 조선 문제로 다투어서는 안된다며 중국의 조선 진출을 견제하고 일본의 조선 진출도 억제하고자 하는 논의가 전개되었다. 또 다른 때에는 아시아의 문명국 일본의 발전은 '구미' 문명을 흡수하기 위해 노력한 덕택임에도 중국은 이를 문명 흡수의 성과로는 간주하지 않고 황인종의 우수성의 증거로 생각하며, 스스로도 일본과 마찬가지의 발전을 이루고자 '구미' 열강뿐 아니라 일본

서장 : '대외론'이라는 '사상의 실상'

에 대해서까지도 기득 권익의 반환을 요구하는 중이다, 일본은 이같은 중국의 오해에 기반한 이권 회수 요구에 대해 동일한 요구로 고심하던 문명국 러시아와의 제휴를 강화해야 한다고 논의되었다.

전자는 보통 '아시아 연대론'이나 '청일협조론' 등으로 불리는 논의이고 후자는 '탈아론' 혹은 '구미협조론'으로 불리는 것이다.

이들로부터 분명해진 것처럼 메이지 중기에서 다이쇼 시기에 걸친 일본에서는 새로운 동아시아로의 팽창이 주창되었을 때 혹은 이미 획득한 동아시아에서의 권익 옹호가 논의될 때에도, '구미'와 '아시아'의 대립도식을 기본적인 틀로 삼아 그 가운데 일본을 어느 쪽에 위치시키는가에 따라 다른 논리로 정당화되어 왔다. 그리고 이상 서술한 것만으로도 분명하듯 '탈아론'만이 침략 논리였던 것도 아니며 '아시아주의'만이 침략 논리였던 것도 아니다. 어느 때에는 '아시아 연대론'이 중일 간 조선을 둘러싼 현상유지를 위해 주창되고 다른 때에는 '탈아론'이 일본의 기득 권익의 옹호를 위해 강조되었다. 또 다른 때에는 '아시아 개조론'이 일본의 조선 진출을 위해 주창되고 어느 때에는 '탈아론'이 일본의 조선·만주를 향한 새로운 팽창을 위해 강조되었던 것이다.

후쿠자와 유키치의 모순

이같이 메이지 중기에서 다이쇼기에 걸친 일본인의 동아시아 정책론을 보면 대개의 경우 '탈아론'형型이나 '아시아주의'형의 대외론으로 수렴된다. 그 때문에 이 두 가지 '대외관' 혹은 '대외사상'의 각 특징, 혹은 양자의 상호 관계에 관해서는 지금까지 다양한 각도에서 연구되어 왔다. 이를 크게 나누면 「탈아론」이라는 제하의 신문사설을 쓴 후쿠자와 유키치[4]에 관한 연구에서 언급하는 것,[5] 아시아주의 연구의 관점에서부터 이루어진 것,[6] 양자를 포함한 '일본인의 대외관'의 변천을 전체적으로 파악하고자 하는 것,[7] 일본외교사 연구의 중요한 일환으로 이

---

4) 후쿠자와 유키치(福澤諭吉, 1835~1901)는 근대 일본을 대표하는 사상가, 교육자이다. 현 게이오대학의 설립자이며 『시사신보(時事新報)』, 『메이로쿠 잡지』 등을 창간한 언론인이자 『학문의 권장』, 『문명론의 개략』 등 당대의 베스트셀러를 출간한 저술가이기도 하다.

5) [원주] 다수의 후쿠자와 유키치 연구 가운데 임오군란·갑신정변 시기 후쿠자와 유키치의 동아시아 정책론에 관해 가장 상세한 분석을 행한 것은 도야마 시게키(遠山茂樹)의 『후쿠자와 유키치(福澤諭吉—思想と政治との關連)』(東京大學出版會, 1970)일 것이다. 이 후쿠자와론에서 도야마는 조선 문제를 둘러싼 중일 대립이나 후쿠자와의 조선 진출론 등에 주목해 이 책의 견해와 부분적으로 일치하는 점이 여럿 보이지만 기본적인 틀은 역시 '구미'-'아시아' 대립 도식, 중국 멸시관의 강조, '탈아론'을 아시아 침략론의 최종적 완성으로 한다는 점에서 다르다.

6) [원주] 두 번째 관점에 선 연구 가운데 본서의 분석에 가장 참고가 된 것은 다케우치 요시미(竹內好)의 『일본과 아시아』에 수록된 「일본의 아시아주의」(1963)이다. 본서의 시점과 관련해서는 제1장을 참조바란다.

7) [원주] 세 번째 관점에 선 연구에서 본서와 가장 관련된 것은 오카 요시타케(岡義武)「국민적 독립과 국가이성」(1961, 저작집 6권 『國民的獨立と國家理性』岩波書店, 1993에 재수록)이다. 본서에서 분석한 후쿠자와 유키치, 고노에 아쓰마로(近衞篤麿), 구가 가쓰난(陸羯南), 야마가타 아리토모(山縣有朋) 등의 대외론은 이미 위 논문에서 간결

서장 : '대외론'이라는 '사상의 실상'

두 가지 사상적 대립을 파악하고자 하는 것[8]이라는 네 가지가 되리라 생각한다.

이 가운데 이 책의 관심과 비교적 가까운 것은 네 번째 타입의 연구인데 내가 이같은 문제에 관심을 갖게 된 것은 우선 다수의 후쿠자와 연구에서 보이는 '탈아론' 이해에 의문이 들었기 때문이다. 후쿠자와의 '탈아론'에 관해서는 열거하기 힘들 정도로 여러 저서·논문에서 논의되고 있지만 후쿠자와에 호의적이든 비판적이든 후쿠자와의 대외론을 너무 언어의 표면상의 이해에만 그쳐온 것처럼 보인다. 서장에서부터 너무 분석적인 이야기에 들어가는 듯한 감이 있지만 다음 두 가지 후쿠자와의 주장을 보았으면 한다. 하나는 1881년 9월 『시사소언時事小言』의 한 구절이고 또 하나는 1885년 3월에 그가 『시사신보時事新報』에 쓴 「탈아론」[9]의 일부이다.

> 현재 서양의 각 나라가 위세威勢로 동양을 압박하는 양상

하게 묘사했다. 다만 본서의 분석 방법과 오카의 그것 사이에 커다란 차이점은 그가 분석대상으로 거론한 인물의 주장에 무리한 가공을 하지 않는다는 금욕적인 원칙을 관철한 것에 비해, 나는 이 표면적 주장의 배후에 있는 '대외인식'·'대외론' 읽어내기를 과제로 삼았다는 점이다.

8) [원주] 네 번째 관점이 일본의 외교사연구에서 어떻게 받아들여지고 있는가는 분명하지 않지만 내가 가장 강한 자극을 받았던 것은 이리에 아키라(入江昭)의 『일본의 외교(日本の外交—明治維新から現代まで)』中央公論社, 1966다. 이리에의 방법과 본서의 방법상 차이에 관해서는 제4장을 참조하기 바란다. [역주] 한국어판 이성환 역, 『일본의 외교』, 푸른산, 1993.

9) 원문에서는 모두 「 」를 붙여 탈아론을 표기하고 있는데, 대외관으로서의 탈아론을 언급할 경우는 ' '을, 구체적인 신문사설 제목으로는 「 」를 사용해 번역했다. 후쿠자와의 탈아론을 언급할 때에는 이같은 구분이 애매한 경우가 많은데 문맥에 따라 표기를 구분하여 번역하고자 했다.

은 불이 만연한 것과 다르지 않다. 그럼에도 동양 각국 특히 우리의 근린인 지나·조선 등이 느리고 둔하여遲鈍 그 위력에 대항할 수 없음은 목조 건물이 불에 견딜 수 없는 것과 같다. 때문에 우리 일본의 무력으로 이를 응원함은 오직 다름아닌 스스로를 위한 것임을 알 수 있다. … 오늘날 중요한 것은 어떠한 방편을 사용하든 다만 이를 유도해 우리와 함께 움직임을 같이 하는 정도의 국력을 부여하고 이로써 순치보거의 실효를 거두게 함에 있을 뿐이다. 만일 그렇지 않고 현재의 전망에 맡기고 현재의 양상을 방기해 우리가 이를 돕지 않고 저들 또한 스스로 분투하지 않아 불행히 일단 그 국토가 서양인의 손에 떨어진다면 그 때의 형세는 어떻게 될 것인가. 우리에게는 흡사 화재의 불씨를 이웃집에 불러오는 것으로 극도로 불길한 말을 하자면 일본국의 독립도 의심할 수밖에 없다.[10]

우리 일본의 국토는 아시아 동쪽 변방에 있다고 해도 국민의 정신은 이미 아시아의 고루함을 벗어나 서양 문명으로 옮겨졌다. 그러나 불행한 일은 근린에 지나支那라고 하는 나라와 조선이라고 하는 나라가 있음이다. … 우리가 이 두 나라를 보건대 현재 문명의 동점東漸 풍조 시기에 결코 독립을 유지할 길이 없을 것이다. … 지금부터 수 년이 지나지 않아 망국이 되어 국토는 세계 문명 각국의 분할로 귀결할 것임에 한점의 의문도 없다. … 그렇다면 오늘날 일을 도모함에 있어 일본은 이웃나라의 개명을 기다려 함께 아시아를 일으킬 여유가 없다.

---

10) 『후쿠자와 유키치 전집(福澤諭吉全集)』제5권, p.187. 이하 『전집』으로 약칭함.

서장 : '대외론'이라는 '사상의 실상'

> 오히려 그 대오에서 벗어나 서양 문명국과 진퇴를 함께 하고 저 지나·조선을 대하는 방법도 이웃나라라고 해서 특별히 사정을 봐주지 않고 실로 서양인이 이들을 대하는 풍조에 따라 처리해야 할 뿐이다. 악우惡友를 가까이 하는 자는 함께 악명을 면할 수 없다. 우리는 진심으로 아시아 동방의 악우를 사절하는 바이다.(『전집』제10권, pp.239-240)

이 두 주장은 전자가 '구미'의 아시아 침략에 대해 아시아를 이끌어 대항하고자 하는 것으로, 후자는 정반대로 일본은 '구미' 열강의 일원으로 아시아 침략에 참가하고자 하는 것임은 한번만 읽어보아도 명백하다. 또한 이 두 상이한 대외론의 차이를 후쿠자와 자신이 충분히 깨닫고 있어 전자에서 후자로의 전환 이유에 관해 후쿠자와가 용의주도한 설명을 붙이고 있는 것도 지금까지의 많은 연구가 지적하고 있는 대로다. 즉 일본은 구미의 아시아 침략 위험을 알고 이에 관해 동아시아 각국에 경종을 울려 일본을 따라 문명화·강국화에 힘쓸 것을 권고했으나 '조선·지나' 양국이 언제까지나 노력하지 않고 심지어 그 사이 구미 선진국의 아시아 침략은 긴박해졌기에 이제 양국의 문명화·강국화를 기다릴 시간적 여유가 없다, 일본은 '탈아'해 서양 열강과 함께 행동한다라는 것이다.

그러나 이 두 주장 사이의 시간이 겨우 3년 반에 불과한 것을 고려하면 후쿠자와의 설명에는 기묘한 점이 있다. 3년 반 전에는 중국이나 조선의 '국토가 서양인의 손에 떨어지게' 된다면 '일본국의 독립도 의심'할 정도의 힘밖에 없었던 일본이 겨우 3년 반만에 '서양 문명국과 진퇴를 함께' 하고 '지나·조선'에 대해 '실로 서양인이 이들을 대하는 방식을 따라 처리'할 수 있을 정도로 강력하게 되었다는 것은 조금 생각하기 어렵기 때문이다.

1882년 7월 임오군란을 기회로 1883년 초부터 착수한 육해군 확장은 마침 마쓰카타 대장대신大藏大臣[11]에 의한 디플레이션 정책의 영향도 있어 육해군 당국의 요구대로는 진행되지 않았으며 설령 요구대로 진행되었다 해도 겨우 2년 반만의 성과는 뻔한 것이었다. 조선·중국이 서양 열강의 손에 떨어진다면 독립도 위험하게 될 일본이 서양 열강의 아시아 진출을 승인하고 이와 동일한 행동을 취할 수는 없을 것이다. 혹 그것이 단기간의 군비확장으로 가능하다고 하면 '아시아 개조' 등은 애초에 필요 없고 처음부터 군비확장을 주장해 이에 입각한 '탈아'를 시행하라라고 주장하는 편이 훨씬 후쿠자와스럽다 생각된다.

조선·중국의 위기는 실제로 있었는가

이처럼 『시사소언』이든 「탈아론」이든 후쿠자와는 구미의 아시아 침략 속에서 일본의 위치를 고의로 잘못 위치짓고 있다. 『시사소언』에서 구미의 아시아 침략으로 조선·중국뿐 아니라 일본도 독립이 위태롭다는 인식이 과장된 것이거나, 「탈아론」

---

11) 마쓰카타 마사요시(松方正義, 1835~1924)를 가리킨다. 사쓰마번 출신의 정치가, 재정가. 정부의 재정 운용을 관할하는 대장대신을 비롯해 두 차례 수상을 역임했다.

서장 : '대외론'이라는 '사상의 실상'

에서 구미의 아시아 침략에 일본도 함께 참가할 수 있다는 일본의 위치가 과장된 것이다. 그러나 한발 나아가 이러한 주장 쌍방에 극단적인 과장이 있다고 생각할 수는 없을까. 1898년부터 1900년에 걸친 서양 열강에 의한 '중국 분할'이 절정에 달한 시기 혹은 훨씬 시대를 거슬러 올라 1840~1850년대의 아편전쟁·애로호 사건 즈음의 일이라면 몰라도, 후쿠자와가 이 두 논문을 쓴 1880년대 전반의 구체적인 동아시아 국제관계를 생각해보면 서양 열강에 의한 동아시아 침략이 그정도로 절박한 위험으로 인식되었다고 보기는 어렵다.

물론 이하의 각론에서도 서술하듯 그와 같은 것을 강조한 정치가나 사상가는 수없이 많다. 일례를 들면 당시 헌법조사를 위해 독일에 체재하고 있던 이토 히로부미도 1883년 1월에 마쓰카타 대장대신에게 다음과 같은 글을 보냈다.

> 구미의 현재 형세를 살피건대 속지정략屬地政略이 재연再燃하는 경향으로 영·불이 서로 경쟁하고 있다. 영국이 현재 이집트를 처리하고 프랑스인이 안남安南 지방을 약탈함에 난폭하고 낭자함이 이르지 않는 곳이 없다. 지금의 형세를 살필 때, 기회에 응하고 변화에 올라타 어떠한 일이 일어날지 예측할 수 없다.[12]

이처럼 이토 히로부미도 후쿠자와와 마찬가지로 유럽에서 '속지정략이 재연하는 경황'을 강조하고 있다. 그리고 이토는

---

12) 슌보공추송회(春畝公追頌會) 『이토 히로부미전(伊藤博文傳)』 중권, p.337.

후쿠자와와 마찬가지로 "내가 동서의 대세를 비교해 우리 독립의 안위를 생각할 때마다 침식을 편히 할 수 없다"고까지 하며 일본 독립의 위기를 강조하고 있다. 후쿠자와의 주장이 독자를 전제로 한 것에 비해 이토의 편지가 동료 마쓰카타 마사요시에게 보낸 개인 편지임을 생각하면 이토의 '독립 안위'에 관한 우려는 한층 진실한 맛이 있다.

그럼에도 불구하고 이토가 강조하는 '속지정략의 재연' 가운데 동아시아와 직접 관계된 것은 프랑스의 안남 보호국화 움직임뿐이다. 서양 열강이 중국을 취하고 조선을 수중에 넣으려고 하는 정세가 있던 것이 아니다. 후쿠자와가 『시사소언』에서 경고하고 있던, '불행히 이 국토[조선·중국]가 서양인의 손에 떨어지는' 위험이 당시 존재했다고는 생각할 수 없고 마찬가지로 후쿠자와가 「탈아론」에서 강조하고 있는 것처럼 조선·중국이 "지금으로부터 수년 지나지 않아 망국이 되어 그 국토는 세계 문명 각국의 분할로 돌아갈 것은 한점 의심의 여지 없다"고 하는 상황이었다고도 생각할 수 없다. 구체적인 국제정세와 그 인식이 동일하지 않은 것, 그리고 한 나라의 대외정책·대외태도를 결정하는 것은 객관적인 국제관계가 아닌 그 이미지임은 자주 강조되고 있다. 그러나 양자 사이에 너무나 큰 차이가 있을 때에는 간단하게 이 당연한 듯한 논의에 동조하기 어렵다. 객관적인 대외관계와 너무나도 동떨어진 '인식'이나 '이미지'를 논자가 정말로 품고 있었는지 의심해 볼 필요가 있는 것이다.

서장 : '대외론'이라는 '사상의 실상'

현실·인식·표현의 삼분법

이처럼 후쿠자와 유키치가 3년 반의 격차로 쓴 두 논설 사이의 모순을 검토해 가면 후쿠자와가 일본의 독립이 위험해졌다고 정말로 믿고 있었는지, 또한 서양 열강이 조선·중국을 분할하고 나아가 일본에도 침략해 올 것이라 정말 믿고 있었는지 극히 의문이 든다. 이 의문에 관해 제1장에서 이 3년 반 동안 변화하는 후쿠자와의 대외론을 당시 동아시아 정세 변천과의 관련 속에서 추적하면서 내 나름의 해답을 도출해 내고자 하기에, 여기에서는 이같은 의문에서 나온 방법상의 문제점에 관해서만 언급해 두고자 한다.

1880년대 전반에 후쿠자와가 강조한 서양 열강에 의한 동아시아 분할이나 일본 독립의 위기라는 동아시아 정세의 '인식'이 너무나도 당시 실정과는 동떨어져 있다고 한다면, 우리는 이 '인식'이 후쿠자와의 진정한 동아시아 정세 인식이라 생각할 수 없다. '현실'과 '인식'의 이분법으로는 불분명하다. '현실'과 '인식', '표현'의 삼분법이 필요해 지는 것이다.

후쿠자와가 『시사소언』이나 「탈아론」에서 그려내 보인 서양 열강의 동아시아 침략 및 일본 독립의 위기란 그의 동아시아 정세 '인식'이 아닌 그 '표현'에 불과한 것이다. 우리는 과장되고 일반화된 '표현' 레벨에서 후쿠자와를 파악하는 것이 아닌 이들 '표현'의 근본이 된 동아시아 정세의 '인식' 그 자체에서 후쿠자와를 이해하지 않으면 후쿠자와의 대외사상을 파악했다고 할 수 없는 것이다.

그리고 이는 물론 후쿠자와에 한정된 것은 아니다. 메이지 중기에서 다이쇼 시기에 걸쳐 반복되어 전개된 '아시아주의'적 주장이나 '탈아론'적 주장에서도 마찬가지다.

동아시아 정세의 '인식' 문제에 관한 이같은 삼분법은 당연히 그 같은 '인식'에 기반해 주창된 '대외사상'에 관해서도 적용되어야 한다. 재차 후쿠자와의 두 논설을 예로 들어 설명해 보고자 한다.

후쿠자와는 『시사소언』에서 조선·중국을 어떠한 수단을 사용해서라도 개조하고 '우리와 함께 행동할 정도의 국력을 부여'하는 것을 주장하고 있다. 서양 열강의 아시아 침략에 대항할 수 있도록 양국을 개조하고자 한다는 점에서 그것이 아무리 양국에 대한 간섭을 동반한다 하더라도 일종의 '아시아 연대론'임은 틀림없다. 한편 말할 것도 없이 「탈아론」에서 후쿠자와는 이와 정반대의 '아시아 분할론'을 주창하고 있다. 당연하지만 후쿠자와의 두 가지 다른 견해는 '아시아 연대론'에서 '탈아론'으로의 사상적 전환으로 지금까지 논의되어 왔다.

분명 아시아를 개조해 서양과 대항한다는 주장과 서양과 함께 아시아를 분할한다는 주장은 정반대의 주장이다. 그러나 구체적인 대외정책 레벨에서 생각했을 때 이 두 주장은 어떻게 달라지게 될까. 후쿠자와가 '아시아 개조'를 주창했을 때 목표로 한 아시아 정책이 무엇이며 '탈아론'을 주창하기에 이르렀을 때 그 정책이 어떻게 변했는가를 이해하지 않고서 '아시아 연대론'에서 '탈아론'으로의 전환의 사상적 의미를 이해할 수

서장 : '대외론'이라는 '사상의 실상'

있을까. 여기에도 '표현'을 '표현' 그대로 이해해 이를 '사상'이라 생각하는 문제가 있는 것이다. 도대체 후쿠자와는 중국·조선에 대해 무엇을 하고자 했던가를 구체적으로 검토하지 않고 '연대'인가 '탈아'인가의 일반 논의만으로 후쿠자와의 '대외사상'을 이해할 수 있다고는 생각할 수 없다.

여기에서도 우리는 동아시아 정세의 현실과 그 가운데 후쿠자와가 구체적으로 실현을 노린 것, 즉 그의 '대외론'과 이를 일반적·과장적 용어로 이야기한 '표현'을 구별한 후에 삼자의 상호 관계를 문제로 삼아야 하는 것이다. 그리고 지금까지의 연구가 '현실'과 '표현'을 직결해 사상의 전환 과정 및 그 의의를 논해 온 것을 생각하면 우리가 특히 힘을 기울여 해명해야 하는 것은 양자의 중간에 있는 후쿠자와가 구체적으로 목표한 대외정책, 즉 그의 '대외론'이어야 함은 두말할 필요 없을 것이다.

사상 없는 대외론

이처럼 동아시아 정세의 '인식'에 관해서도 이에 기반해 제창된 '대외론'에 관해서도 후쿠자와의 '표현'을 곧바로 그의 '인식'이나 '대외론'이라 할 수 없으므로 이 책의 과제는 화려하고 치밀한 후쿠자와의 문장 속에서 그의 실제 정세 인식과 그가 실제로 실현하고자 한 대외론을 추출하는 것이리라. 그리고 이는 후쿠자와뿐 아니라 이 책에서 다루는 메이지 중기에서 다이쇼기에 걸친 대외 관계의 중요한 각 국면에서 다양한 대외론을 전개했던 정치가·사상가에 관해서도 검토되어야 한다.

종래에 이들 대외 문제에 관해 이야기할 때 '사상'이나 '가치관'은 그 대부분이 여기서 내가 말한 '표현'을 액면 그대로 받아들인 것이었다. 즉 후쿠자와의 '아시아 개조론'에서 '탈아론'으로의 전환, 이와쿠라 도모미[13]의 청일협조론(1881), 고노에 아쓰마로[14] 등의 '지나 보전론'(1898~1900), 야마가타 아리토모[15]의 동인종 동맹론同人種同盟論(1914) 등등의 주장을 그 '표현'만으로 이해해 온 것이다. 그들의 '표현'이 어떠한 상황 인식에 기반했던 것인가, 또는 무엇을 실현하고자 했던 것인가를 검토하지 않은 채 공연히 표면상으로만 '대외사상'과 일본인의 '대외관'이 이야기된 것으로 보인다.

이 책에서 내가 목표로 한 것은 이같이 과장되고 일반화된 '표현'의 배후에 있는 그들의 구체적인 동아시아 정세 '인식'과 구체적인 '대외론'이다. 종래 이들 문제에 관해 이야기되어 온 것을 '사상'이라 한다면 내가 노리고 있는 것은 '사상의 실상'

---

[13] 이와쿠라 도모미(岩倉具視, 1825~1883)는 막부 말기~메이지 초기에 활동한 일본의 귀족, 정치가다. 메이지유신 이후 우대신이자 외무대신으로 정부의 중심 인물 가운데 하나가 되었으며 메이지 초기에 이뤄진 이와쿠라 사절단의 대표이기도 했다.

[14] 고노에 아쓰마로(近衞篤麿, 1863~1904)는 메이지 후기에 활동한 정치가, 관료다. 독일과 프랑스에서 유학하고 1890년 일본으로 돌아와 정계에 입문했다. 제3대 귀족원 의장, 추밀원 고문관을 역임했으며 1898년 동아동문회(東亞同文會)를 개설하며 아시아주의를 주창했다.

[15] 야마가타 아리토모(山縣有朋, 1838~1922)는 조슈번 출신의 군인, 정치가다. 메이지유신 이후 유럽 유학을 통해 각국 군사 제도를 시찰하고 군사제도를 도입하는데 중심적 역할을 했다. 두 차례의 총리대신, 원로, 육군 원수를 역임했다.

서장 : '대외론'이라는 '사상의 실상'

을 밝히는 것에 있다 하겠다.

이렇게 말하면 곧바로 일어날 수 있는 비판은 '사상'과 '사상의 실상'이 어떠한 관계에 있는가라는 점일 것이다. 지금까지 나는 종래 '사상'으로 취급되어 온 것이 '사상'도 무엇도 아닌 '표현'에 불과하다고 이야기했다. 그러나 그럼에도 구체적인 대외인식이나 대외론이 어째서 그같은 표현으로 이야기되었는가라는 문제가 남는 것은 인정할 수밖에 없다. 특정 대외인식을 가지고 이에 기반한 특정 대외론을 전개하는 이상 그 배후에 '사상의 실상'과는 다른 차원의 '사상'이나 '가치관'이 있으리라 생각하는 것은 합당하기 때문이다.

결론을 앞서 말하면 나는 그러한 '사상'이나 '가치관'을 결국 찾아낼 수 없었다. 서두에서 말한 것처럼 이 책이 다루는 메이지 중기에서 다이쇼 시기에 걸쳐 일본은 조선 및 만주로의 팽창을 진행해 나가는데, 그것이 올바르다고 생각하는 '가치관'이나 '사상'을 발견할 수 없었다는 말이다. 만일 종래부터 일컬어지듯 '아시아 연대'나 '탈아' 등이 그 자체로 '가치'가 있다고 한다면 전자에서 후자로, 혹은 후자에서 전자로의 전환이 근대 일본에서 그렇게 빈번히 일어난 것은 이해하기 어렵다. 서양 열강의 아시아 진출을 '악'으로 판단하고 그에 대해 '아시아 연대'를 마주 놓는 '사상'이 후쿠자와의 경우처럼 겨우 3년 반만에 그 정반대의 '사상', 즉 서양 열강의 아시아 진출을 오히려 긍정하고 그들의 동료가 되어야 한다고 하는 '사상'으로 그렇게 간단히 바뀔 수 있지는 않을 것이다. '아시아 연대론'

에서 '탈아론'으로의 전환 혹은 그 역전환은 그러한 논의를 이미 말한 '실상' 레벨에서 이해했을 때에만 이해가능하며 '사상' 레벨에서는 이해 불가능한 것이다.

이처럼 메이지 중기에서 다이쇼기에 걸친 조선 및 만주로의 팽창 시기에 일본인이 이를 긍정하는 '가치관'이나 '사상'을 만들어낼 수 없었기 때문에 일본의 팽창은 '아시아주의'적 혹은 '탈아론'적이라는 어느 방향으로라도 정당화가 필요했다. 스스로 내부에 대외팽창을 정당화하는 가치관을 갖고 있지 않다면 그 정당화는 일본의 외부에서 구해야 하기 때문이다. 그렇다면 일본의 팽창은 외국의 팽창에 대한 대항적 조치로 정당화되거나 그에 순응하는 형태로 정당화되는 수밖에 없다.

앞서 본 것처럼 후쿠자와나 이토 히로부미에게 서양 열강의 제국주의화와 아시아에의 파급이 현실의 동아시아 정세와 상당히 동떨어진 형태로 강조된 것은 이 때문이 아닐까. 그리고 일본 바깥에서 식민지 획득경쟁이 아직 확실한 형태를 보이지 않는 상황에서 일본이 팽창정책을 취하려고 할 때에는 가까운 장래에 서양 열강의 아시아 침략에 대비하지 않으면 안된다는 '아시아 연대론'적 주장이 중심이 되고, 서양 선진국이 현실에서 식민지 획득경쟁을 개시했을 때에는 세계의 대세에 저항하기 어려우므로 이에 순응해 일본은 자국의 독립과 발전을 지킬 수 있다고 하는 '탈아론'적 주장이 주창된 것은 아닐까.

이와 관련해 1900년 의화단 운동에 이은 러시아의 만주 점령으로 러일 관계가 매우 긴박해졌을 때 학습원대학^{學習院大學}

서장 : '대외론'이라는 '사상의 실상'

국제법 교수인 나카무라 신고中村進午가 다음과 같이 말한 것은 주목할 만하다. 즉 "일본이 외국에서 토지를 취하는 것이 좋은가 나쁜가는 생각해볼 문제로, 일본은 대륙에 토지를 취한 적이 없는 나라다. 이 점에서는 러시아로부터 봐도 지나로부터 봐도 일본은 뒤떨어진 나라다. 그렇게 광대한 토지를 취해 수천 년이나 다스렸다고 하는 것은 지나의 강점으로 그리스도 멸망하고 로마도 멸망했다. 러시아는 지금이야 저렇게 강하지만 2백년 전엔 극히 작은 나라였다. 일본은 일찍이 조선 정벌을 해보았지만 아직 대륙의 토지를 가졌던 적은 없다. 삼한三韓정벌[16]시에 조금 취했으나 곧 되돌려 주게 되었다. 때문에 대륙에 토지를 갖는 것이 일본을 위해 좋은 일인가 나쁜 일인가를 나는 알지 못한다." (도미즈 히론도[17] 『회고록』 1904, pp.72~73).

조선병합·만주사변·중일전쟁·대동아공영권이라는 이후 역사를 알고 있는 우리들에게는 기이하게 느껴질지도 모르지만 러일전쟁을 눈앞에 두고 만주로의 팽창이 처음으로 현실적 과제가 되었을 때 가장 강한 러일 개전론자 가운데 한명이었던 나카무라 신고조차도 대륙으로의 팽창이라는 새로운 사태에 대한 주저함이 보이는 것이다. 그렇다면 당시 일본의 정치가·

---

16) 삼한정벌은 진구(神功) 황후가 신라에 군대를 보내 속국으로 삼았다고 하는 『일본서기』의 기록으로 역사적 사실과는 거리가 먼 설화에 가깝지만 임진왜란에서 식민지에 이르기까지 일본의 조선 침략과 지배를 정당화하는 역사적 근거로 활용되었다. 한국에서는 이를 인정하지 않는 편이며 삼한정벌 대신 신라-왜 전쟁으로 부르기도 한다.
17) 도미즈 히론도(戶水寬人, 1861~1935)는 법학자, 정치가로 나카무라 신고와 함께 「7박사 의견서」를 제출하였다.

사상가들이 일본의 동아시아 팽창을 정당하다고 생각하는 것이 좀처럼 되지 않아, '구미' 선진국의 동향이나 조선·중국의 동향에 대한 대응이라는 형태로밖에 팽창을 정당화할 수 없었을 가능성은 매우 높다. 그리고 이 가운데 어떤 동향도 정태적, 불변적인 것은 아니었기에 일본의 팽창(뿐 아니라 현상유지적 대외정책조차) 정당화 논리는 한 사람의 정치가·사상가에게서도 눈이 돌아갈 정도로 변화했던 것이다.

이 책의 구성

그러나 우리는 결론을 조금 성급히 내렸다. 이러한 내용은 이하 각 장에서 구체적인 분석을 통한 후에 다시 검토하기로 하고 이어서 이하 각론의 구성에 관해 간단히 설명해 두고자 한다.

아래의 세 장에서는 조선 및 만주를 둘러싼 동아시아 정세의 성격에 따라 메이지 중기부터 다이쇼 시기까지를 세 시기로 구분해 검토한다. 제1장에서는 조선을 둘러싼 청일 대립이 현저해 진 임오군란·갑신정변 시기(1882~1884년)의 대외론을, 제2장에서는 조선 및 만주를 둘러싼 러일 대립이 중심 문제였던 청일·러일 두 전쟁 사이의 대외론을, 제3장에서는 러일전쟁으로 일본이 획득한 남만주 권익을 둘러싸고 그 반환을 요구하는 중국과 권익의 장기화 및 확대를 꾀한 일본의 대립이 중심 과제였던 러일전쟁 종결에서 1차대전 전반기까지의 대외론을 검토한다.

다음으로 이 각 시기의 대외론 분석 대상으로 다루는 인

서장 : '대외론'이라는 '사상의 실상'

물 혹은 신문에 대해서도 간단히 설명해 두고자 한다. 이미 이야기한 것과 같이 '사상의 실상'으로서의 '대외론'의 구조를 명확히 하고자 하는 이 책에서는 어느 특정 상황에서의 일회성 '대외론'을 전개하는데 불과한 정치가·사상가를 대상으로 할 수는 없다. 이미 후쿠자와의 사례에서 분명해진 것처럼 임오군란·갑신정변을 사이에 둔 1881년 9월과 1885년 3월의 불과 3년 반 사이에 후쿠자와의 주장은 겉으로는 정반대가 된다. 이 변화가 임오군란·갑신정변 사이의 동아시아 정세의 변화와 밀접히 관련되어 있음은 말할 필요도 없을 것이다. 그렇다면 1880년대의 '아시아 연대론' 혹은 '아시아 개조론'의 전형으로 자주 논의되어 온 다루이 도키치[18]나 오이 겐타로[19]의 '대외론'은 중심적인 분석대상으로 삼기에 분명 부족한 사료다. 어느 경우에도 갑신정변이 청일 양국 간에 일단 해결된 이후의 저작, 혹은 법정에서의 변론이 하나 있을 뿐으로 임오군란 이전, 임오군란·갑신정변 사이, 갑신정변 이후의 서로 다른 동아시아 정세에 따른 그들의 대외론을 알 수 없기 때문이다.

이같은 관점에 서서 이 책에서 분석대상으로 삼은 인물, 혹은 집단은 각 시기에 정세 변천에 따른 대외론을 어느 정도

---

[18] 다루이 도키치(樽井藤吉, 1850~1922)는 정치운동가로 아시아주의를 주창하며 한일 간 대등한 합방국가 건설을 주장한 『대동합방론(大東合邦論)』(1893)의 저자로 잘 알려져 있다.

[19] 오이 겐타로(大井憲太郎, 1843~1922)는 일본의 정치가이자 변호사·사회운동가이다. 자유민권운동에 적극적으로 관여했으며 의회 설립 이후에는 중의원의원으로 선출되기도 했다. 갑신정변 실패 후의 조선에서 재차 쿠데타를 일으켜 조선의 내정개혁을 돕겠다며 조선으로 도항을 계획하다 오사카에서 체포되었다(오사카 사건).

일관적으로 추적할 수 있는 경우로 한정했다. 이같은 대상 선택이 자의적이라는 비판은 감수할 수밖에 없으나 지금까지 아시아주의 연구나 외교사상사 혹은 대외관 연구에서는 더 큰 자의성이 다수 존재했었던 것도 사실이리라.

제 1 장

임오군란·갑신정변 시기의 대외론

들어가며

'대외론'은 어떻게 전개되었는가

1882년 7월 조선에서의 반일 폭동을 계기로 청일관계가 긴박해진 시점부터 1884년 12월 조선에서의 친일파 쿠데타 실패와 뒤이어 청일관계가 한층 더 긴박해지는 약 2년 반의 기간은 근대 일본의 대외론 혹은 대외사조對外思潮를 검토하는데 피할 수 없는 중요한 기간이다. 청일 간 대립의 격화뿐 아니라 이 기간은 안남 문제를 둘러싼 청불 간 대립이 마침내 청불 전면 전쟁으로 발전했고, 러시아의 만주 경영 진전과 맞물려 구미 열강의 동아시아 진출이 강하게 재개되는 시기이다. 이러한 가운데 메이지유신 이래 구미를 모델로 한 근대화 정책을 추진해 왔던 일본은 한편으로는 서구 열강의 동아시아 진출을 경계하고 다른 한편에서는 동아시아에서 조선의 지배권을 둘러싸고 청국과 대결을 준비하는 이중 과제에 직면해야 했다.

때문에 일본 내부에서도 서양 열강의 동아시아 진출을 대비하기 위해서는 청일 양국의 대립이 조선 문제로 격화되는 것을 피해야 한다고 하는 '청일협조론'과 청국과의 대결을 회피하지 않고 조선 내정에 간섭해 친일화를 진전시켜야 한다는 '조선 개조론'의 두 대외론이 서로 맞서게 되었다. 1885년 4월 청일 간 텐진조약 체결에 따라 2년 반에 걸친 유동적 동아시아 정세가 안정화되기까지 이 두 대외론의 전개과정과 상호 관계를 검토하여 이후 일본의 대외론을 둘러싼 대립을 분석하는 관점을 정하고자 하는 것이 본장의 과제다.

이 시기의 '대외론'은 보통 '청일협조론', '청한 개조론', '대륙 진출론'으로 나누어 생각되어 왔다.[1] 이 세 가지 대외론을 동시기에 병존한 대외론이 아니라 시간적 그리고 논리적인 순서로 보자면 하시카와 분조가 제시한 다음과 같은 도식이 된다.[2]

1. 구미의 압박→ 중·일 양국의 제휴에 따른 저항 → '청일 협조론'

---

1) 오카 요시타케 「국민적 독립과 국가이성」 pp.17-28. p.17 각주 참조.
2) 하시카와 분조(橋川文三) 『순역의 사상(順逆の思想—脫亞論以後)』 勁草書房, 1973, p.33.

2. 제휴국으로 청국이 무력하다는 인식→ 청국의 개조·강화 필요라는 판단→ 이른바 '청국 개조론'
3. 제국주의 시대의 개시→ 청국의 강화를 기다릴 틈이 없다는 긴박감→ 제휴의 포기→ '탈아론'
4. 선진 제국주의 세력에 동조→ '중국분할' 지향→ 청일전쟁→ 침략론

다만 하시카와는 이 도식을 후쿠자와 유키치 이외의, 특히 청일협조론적 요소가 강한 사람들을 대상으로 만들었고 이 최초의 청일협조론은 후쿠자와에게는 처음부터 존재하지 않았다고 한 점은 이 도식을 검토할 때에 유의해야 할 것이다.

조선 개조와 청일협조

기존의 이 시기 대외론 연구에 대해 내가 품은 의문은 조선문제와 중국문제를 구별하지 않고 논하는 것이 가능한가라는 점이다. 이에 관해서는 다케우치 요시미의 「일본의 아시아주의」[3]에서 귀중한 시사를 얻었다.

다케우치의 논문은 이 시기 '아시아 연대론'의 대표적 존재로 여겨지는 『대동합방론』의 저자 다루이 도키치에 관해 "다루이는 일본과 한국이 대등하게 합방해 '대동'이라는 총칭을 붙이는 제안을 하고 있기에 중국淸과의 합방 등은 생각하지 않고 있다"고 지적하며 '청일협조론'과 '조일 동맹론'이 별개라는 가능성을 시사하고 있다.[3] 이 논문의 다른 곳에서 다케우치가 "1880년대 일본과 청국은 조선의 지배권을 둘러싸고 다투고

제1장 임오군란·갑신정변 시기의 대외론

있었다"[3]고 단언하고 있음을 아울러 생각하면 다케우치는 다루이 도키치의 『대동합방론』이나 오이 겐타로의 한반도 잠입 후 쿠데타 계획 등의 '조일 동맹' 혹은 '조선 개조'론은 청일협조론과 양립하지 않음을 시사한 것으로 보인다.

다케우치의 지적대로 임오군란에서 갑신정변에 걸친 시기에 만일 조선의 개조(=일본화)를 일본이 목표로 했다면 이는 청일 간의 긴장을 불러 청일협조론과 양립하기 어려워지고, 반대로 청일협조를 꾀하면 일본의 조선 진출은 억제되어야만 하는 관계에 있었다. 이는 동시대인에게 오히려 자명한 것에 속했다. 1882년 7월의 임오군란에서 얼마 지나지 않은 시점에 산조 사네토미三條實美 태정대신에게 제출된 다음의 의견서를 읽으면 이 점은 명백할 것이다. 작성자는 다케조에 신이치로[4]로 생각되지만 단정은 할 수 없다. 그러나 태정대신에게 제출된 의견서로, 내용을 통해 조일 관계, 청일 관계에 관해 상당한 지식을 가진 자의 의견서임을 알 수 있다.

> 조선을 향한 정략을 두 가지로 나누어 그 이해利害를 논하면 다음과 같다.
>
> 하나, 일본의 이익을 보호하고자 한다면 조선에 간섭해 독립을 돕는다. … 지금 조선의 독립을 돕고자 한다면

---

3) 『日本とアジア』ちくま學藝文庫, 1993, p.308·321. 한국어판 백지운·서광덕 역, 『일본과 아시아』, 소명출판, 2004.
4) 다케조에 신이치로(竹添進一郎, 1842~1917)는 한학자이자 외교관이다. 조선에 판리공사로 부임해 있을 당시 갑신정변에 깊이 관여하여 사임하게 된다. 이후 도쿄제국대학교수에 취임(1893)하여 한문학을 가르쳤다.

속히 무기를 주고 교사教師를 빌려주어 내란을 진압하기에 충분한 병사를 훈련케 해야 한다. 그리고 또한 수익원 확보를 위해 광산업을 신설하거나 농기구 등을 개량해 국력을 영구히 공고하게 할 사업에 착수하게 해야 한다. 이는 곧 한발 한발 우리의 간섭을 진전시키는 것으로 이렇게 하지 않으면 조선의 독립을 보호할 수 없다. 다만 이에 한 가지 우려할 점은 청국의 반응으로 지금 우리가 이같이 조선에 간섭하는 것을 보고, 의심하게 되면 없던 귀신도 생긴다는 말처럼 반드시 우리에게 깊은 악의를 쌓고 시기한 결과 조만간 전쟁이 시작될 지도 모른다.
…

하나, 아시아의 대세를 온전케 하고자 한다면 청일 친목을 두터이 해야 한다. 앞서 타이완臺灣 사건5)이 있었고 최근 류큐처분6)이 있어 청국은 항상 우리를 의심해 침탈주의를 취한다 보고 있다. 지금 또한 조선에 변이 있었다[임오군란]. 저들은 오로지 우리의 조치 여하에 주목한다. 우리가 만일 아시아의 대세를 온전히 유지하는 것을 정략의 목적으로 한다면 얼마간 우리의 이익을 포기하고 청국의 시기심을 풀어야만 한다.

---

5) 1871년 류큐 표류민을 타이완 원주민이 살해한 사건을 구실로 이루어진 1874년 일본의 타이완 침공 사건을 말한다. 메이지 정부의 첫 대외 침공으로 주청 영국공사 웨이드의 주선 하에 청일 간 회담이 진행되어 일본의 군사 행동을 청이 승인하는 한편, 타이완의 영유권이 청에 있음을 일본이 승인하게 되었다.

6) 전근대 시기 류큐 왕국은 청과 조공책봉 관계 속에 있으면서 한편으로 사쓰마번의 침공을 받아 에도 막부와 지배종속 하에 놓여진 이른바 양속(兩屬) 체제라는 대외 관계를 형성하고 있었다. 메이지 정부는 류큐를 일원적인 지배 하에 놓고자 했고 1872년 류큐를 번(藩)으로 삼는 조치에 이어 1879년에는 류큐번을 폐지하고 오키나와현을 설치하는 조치를 강행했다. 류큐병합이라고도 부른다.

이 의견서에서 알 수 있듯 임오군란 발발 직후 시점에서 일본이 취할 수 있는 아시아 정책은 조선 개조·간섭 정책이냐 청일협조 정책이냐 하는 두 가지밖에 없었고 심지어 양자는 대립관계에 있었던 것이다.

그렇다면 우리는 이 시기의 대외론을 검토할 때에 '아시아'라는 말에서 실제로는 조선을 논하고 있는가, 중국을 논하고 있는가에 관해 특히 주의를 기울일 필요가 있다. 만일 '아시아'를 개조해야 한다는 '표현' 아래 실제로 의미하는 바가 조선의 개조라면 그 논자는 중국에 대해서는 적대적 입장을 취할 가능성이 높다. '아시아'(=조선) 개조를 위해서는 '아시아'(=중국)와의 전쟁을 피해서는 안된다는 입장이 '아시아 개조'라는 일반론의 배후에 있는 경우가 많다. 반대로 '아시아 연대'라는 말로 청일협조가 고려될 경우 그 배후에는 조선 문제를 둘러싼 청일 간의 현상유지론, 즉 일본의 조선 진출 억제론이 존재하고 있는 경우가 보통이다. 이러한 관점에서 볼 때 언어상으로는 동일한 '아시아'의 연대나 개조가 논해지는 경우에도 두 가지 대외론이 완전히 대립하고 있음을 우리는 예상해야 하는 것이다.

이와 관련해 두 번째로 '아시아' 연대론자도 개조론자도 모두 이 시기에 즐겨 사용한 '서래西來의 광란'이나 '서력동점西力東漸' 등의 '표현'에도 주의를 기울일 필요가 있다. 어떤 경우 이 서양 열강의 아시아 침략이라는 말로 표현되는 바는 일본의 조선 진출에서의 구체적인 위협으로써 러시아의 남하를 가리킨다. 그러나 다른 경우 이는 일본의 동아시아 정책과는 직접 관계가 없는 곳에서 일어나는 이른바 선진국이 후진국을 다룰 때의 룰의 변화라는 의미에서 사용되는 경우가 있다. 러시아의 남하는 일본의 조선 진출과 직접 관계되는 문제지만 영국이 이집트를 어떻게 하든 당면한 일본의 동아시아 정책과 직접 관계를 가질리 없다. 후자의 경우 구미가 다시 식민지 획득을 재개하고 제국주의 시대가 본격화하는 이미지로 일본의 조선 진출을 정당화할 때에만 의미가 있을 뿐 구체적인 위협이었다고는 생각되지 않는다.

이하에서는 이상의 두 가지 점을 특히 유의해 이 시기의 '청일협조론'과 '조선 개조론'의 논리 구조 및 그 변천 과정을 검토해 보고자 한다.

1.1 '조선 개조론'의 구조와 '탈아론'

조선의 교제를 논하다

이 절에서는 청일협조론과 대립적 관계에 있었다고 여겨지는 후쿠자와 유키치의 '조선 개조론'의 논리구조를 검토한다. 이미 서장에서 서술했듯 후쿠자와는 임오군란이 일어나기 약 1년 전에 쓴 『시사소언』에서 '우리의 가까운 이웃인 지나·조선'을 개조하여 '서양 각국에 대응'할 것을 주장했다. 그러나 지금까지 본 것처럼 '조선의 개조'가 중국과의 대립 관계를 낳는다면 '지나·조선'을 동시에 '개조'하는 것을 후쿠자와가 주장하고 있었다고는 생각할 수 없다. 설령 후쿠자와 자신이 '지나·조

제1장 임오군란·갑신정변 시기의 대외론

선'이라 병기해 말하고자 했더라도 과연 후쿠자와가 양국의 개조를 생각하고 있었는가의 여부는 의심해 볼 필요가 있는 것이다.

이를 생각하는 단서로 후쿠자와가 『시사소언』에서의 주장과 거의 같은 주장을 전개한 1882년 3월 11일의 「조선의 교제를 논하다」라는 제하의 『시사신보』 사설을 보고자 한다. 여기에서 후쿠자와는 다음과 같이 논하였다.

> 우리가 이같이 조선의 일을 우려하고 그 문명됨을 희망해 마침내 무력을 사용해서라도 그 진보를 돕고자 한다고까지 절실히 논함은 단지 종전의 교제 관계에 따라 부득이하게 나온 것만은 아니다. 금후 세계의 형세를 살피건대 우리 일본을 위해 어쩔 수 없는 것이다. 현재 서양 각국의 문명은 날로 진보해 그 문명의 진보와 함께 병비兵備도 또한 날로 증진하고, 병비의 증진과 함께 병탄倂呑의 욕심 또한 날로 증진함은 자연한 기세로 그 욕망을 떨칠 땅은 아시아 동방에 있음이 명백하다. 이때에 이르러 아시아 가운데 협심동력協心同力으로 서양인의 침략과 능욕을 막아내기 위해 어느 나라가 그 선구에 서서 맹주가 될 것인가. 우리는 감히 스스로 자국을 뽐내는 것이 아니고 허심탄회 이를 보아도 아시아 동방에서 그 선두, 맹주에 임할 자는 우리 일본이라 말하지 않을 수 없다. 우리가 이제 맹주가 됨에 주변 나라인 지나·조선 등은 어떠한 상태로 하여 함께 일을 도모할 수 있을 것인가. 반드시 일본을 본받아 최근의 문명을 함께 하는 수밖에 없을 것이다. … 지금 지나를 지나인이 지배하고 조선국을 조선인이 지배한다면 우리도 깊이 우려할 바

● 1.1 '조선 개조론'의 구조와 '탈아론'

아니지만 만일 그 국토를 들어 서양인의 손에 주는 일과 같은 중대사에 있어서 어찌할 것인가. 흡사 이웃집을 불태워 자신의 집이 연소延燒됨을 부르는 것과 다르지 않다. … 때문에 우리 일본국이 지나의 형세를 우려하고 또한 조선의 국사에 간섭함은 구태여 이를 좋아하기 때문이 아니라 일본의 연소를 예방하기 위함임을 알아야 할 것이다" (『전집』 제8권, pp.30-31)

일독一讀해 알 수 있듯 이 사설은 『시사소언』에 적은 그의 대외론과 완전히 동일하다. 문제는 이 사설이 표제대로 오로지 일본의 조선 정책에 관해 논한 것이라는 점이다. 『시사소언』에서는 '우리 근린인 지나·조선'에 대한 일본의 임무로 이야기되었던 것이 여기에서는 '조선의 일'에 관해서만 논해지고 있는 것이다. 『시사소언』에서는 일본이 '힘으로 그 진보를 협박'하는 상대국은 '지나·조선'이었는데 이 사설에서는 '마침내 무력을 사용해서라도 그 진보를 돕고자'하는 대상국은 조선 한 나라뿐이다.

당시 동아시아의 한중일 삼국 관계를 고려한다면 『시사소언』의 주장보다 이 사설이 훨씬 설득력있다. 일본은 타이완 문제 및 류큐처분을 둘러싸고 청국과 대립을 반복해 왔고 지금 만일 이 사설에서 주장한대로 조선에 대해 '무력을 사용해서라도 그 진보를 돕고자'한다면 조선의 종주국임을 자임하고 있는 청국과 갈등을 낳지 않을 수 없다. 때문에 청국과의 대결을 각오하고 일본이 조선을 '최근의 문명'으로 이끈다는 것은 일본의 아시아 정책으로 생각할 수 있으나 『시사소언』에서와 같이 '지나·조선'을 동시에 '최근의 문명에 들어가게' 하는 것은 일본의 힘에 부치는 일이었다. 이 사설에서 후쿠자와가 말을 신중히 선택해 '지나의 형세를 우려하고 또한 조선의 국사에 간섭'할 필요를 강조하고 있는 것도 그럴만한 이유가 있다 하겠다.

이처럼 『시사소언』이나 「조선의 교제를 논하다」 등에서 후쿠자와가 일본의 손에 의한 문명화의 대상으로 생각했던 것은 실은 조선으로 일본의 손에 의한 청국의 문명화라는 주장은 언어상의 어조로 붙어 있던 것에 불과하다. 그렇다면 이는 당시 동아시아 정세 하에서 일본의 아시아 정책론으로 충분히 이해 가능할 뿐만 아니라 이하에서 검토할 임오군란 이후 후쿠자와의 대청국 결전론과도 논리적으로 일관된다 하겠다.

조선 진출에 대한 사중 정당화

그런데 이 가정에 서서 두 논설에서의 후쿠자와의 주장을 다시 읽으면 여러 가지 흥미 깊은 문제가 떠오른다.

첫째로 문제를 조선에 한정할 경우 과연 '이 국토가 서양인의 손에 떨어지는' 위험성이 존재했던 것일까. 그같은 서양 열강으로는 러시아 이외는 생각할 수 없다. 후술하듯 후쿠자와는 조선 문제에 관해서는 오로지 청국을 주요한 라이벌로 생각해 러시아의 남하에 의한 조선 점유라는 사태를 특별히 경계하고 있었다고는 생각할 수 없으나, 이를 차치하고라도 두 논설에서 후쿠자와는 '서양 각국이 위세로 동양을 압박하는 양상'을 고의로 실제 이상 강조하고 있음은 분명해 보인다.

1.1 '조선 개조론'의 구조와 '탈아론'

둘째로 후쿠자와의 관심이 오직 일본의 손에 의한 조선의 문명화에 있었다 가정할 때 그 정당화를 위해 후쿠자와가 펼친 노력은 주목할 만하다. 일본은 청국과의 비교는 차치하고 조선과 비교할 경우 군사·경제·정치·서양 문명의 도입 등등 어느 면에서든 압도적 우위에 서 있었던 것은 명백했다. 때문에 정한론 이래의 조선 진출론에서 어째서 일본이 조선에 진출할 정당성이 있는가라는 점은 특별히 문제시되지 않아 왔다. 그럼에도 후쿠자와는 첫째로 서양 열강의 동아시아 침략의 절박함을, 둘째로 일본이 서양 문명의 흡수·소화에서 동아시아의 선두에 있음을, 셋째로 조선이 서양 열강의 손에 떨어진다면 일본의 독립이 위험해진다는 세 가지를 들며 정당성을 논증하고자 했다. 또한 후쿠자와가 공표한 주장 속에는 거의 얼굴을 드러내지 않지만 조선 국내에서 일본을 따라 조선을 개조하고자 한 김옥균·박영효·유길준 등의 그룹이 존재하고 있었던 것도 후쿠자와 조선 진출론의 중요한 논거를 이루고 있다. 이 점에서 후쿠자와는 일본 팽창의 정당성 여하라는 문제에 가장 마음을 쏟은 사상가 가운데 한명이라 해도 과언이 아닐 것이다.

그러나 이는 역으로 후쿠자와조차 결국 그같은 정당성의 근거를 찾아내는 것이 불가능했음을 드러낸 결과가 되었다. 후쿠자와의 조선 진출 정당성의 근거로 가장 모순을 품고 있는 것은 일본이 배워 이제 조선에 수출하고자 한 문명의 원천인 서양 각국이 아시아를 침략하고 있음을 강조해 일본의 팽창을 정당화하지 않으면 안 되었던 점일 것이다. 달리 말하자면 일본의 조선 진출은 일본의 모습을 서양 각국의 모습에 가깝게 그리는 것으로만 가능한 것에 반해 그렇게 하면 할수록 일본의 조선 진출과 서양 열강의 조선 진출의 구별은 없어져 버리게 되는 것이다. 후쿠자와의 이른바 사중四重 정당성의 근거에서 일본 고유의 것은 조선 국내 친일파의 존재를 제외하면 일본의 독립밖에 없다. 심지어 일본이 조선에 진출하지 않으면 일본의 독립이 서양 열강에 의해 위협받는다는 논의도 러시아의 만주 점령이라도 일어나지 않는 한, 별 설득력이 없는 것이었다.

임오군란

어찌되었든 『시사소언』이나 「조선의 교제를 논하다」에서 후쿠자와의 관심은 조선의 개조에 있고 중국이 병기된 것은 단순한 언어의 기교나 혹은 문제를 얼버무리기 위한 것에 불과하다는 이상의 가설이 맞는지를 1882년 7월의 임오군란 발발 이후 그의 주장을 통해 검토해 보자.

1882년 7월 23일 조선에서 군인에게 급료로 지급할 쌀을 둘러싼 부정으로 군대의 자연발생적인 폭동이 발생했다. 폭동을 일으킨 무위영군武衛營軍은 일본에서 파견한 교관에게 훈련을 받던 신식 군대 별기군別技軍과의 차별 대우에 평소부터 불만을 느낀 구식 군대 가운데 하나였다. 이 구식 군대의 폭동을 반일·반反민비정권의 쿠데타로 확대시킨 것은 이미 전 해 9월에도 쿠데타를 계획했다 실패했던 고종의 생부인 대원군이었다. 대원군의 지시에 따라 반란군과 민중은 왕궁과 일본 공사관을 습

1.1 '조선 개조론'의 구조와 '탈아론'

격했고 일본 공사 하나부사 요시모토花房義質 이하 공사관원은 간신히 난을 피해 탈출하여 인천에서 영국 측량선의 도움으로 나가사키로 되돌아갔으나 미처 빠져나가지 못한 호리모토 레이조堀本禮造 중위 이하 13명의 일본인이 이 폭동으로 살해되었다. 호리모토는 전술한 신식군대 별기군의 훈련을 위해 일본에서 교관으로 파견된 장교였다.

공사관이 반란군에 습격받아 공사 일행이 일본으로 도망간 데다가 빠져나가지 못한 현역 일본 군인이 반란군에 살해당했기에 이 사건이 일본의 조야朝野에 준 충격은 엄청났다. 그러나 일본 정부는 이 사건을 둘러싼 일본과 조선의 관계 그 자체보다도 이 사건을 둘러싼 일본과 청국의 관계를 당초부터 중시했다. 일본이 조선에서 이 불명예스러운 사건의 명예 회복이 될 만한 배상과 사죄를 받고 나아가 전화위복으로 조선에서 일본의 입지를 확대할 수 있는가 여부는 조선의 종주국으로 임한 청국의 태도에 좌우되는 바가 크게 작용했기 때문이다.

외무대신 이노우에 가오루井上馨가 하나부사 공사에게 군대를 대동해 재차 한성으로 파견할 때에 '공사의 성패는 오로지 청국인과 경성에 들어가는 속도 차이에 달려 있을 것'이라 훈유한 것이 이를 단적으로 이야기하고 있다.[7] 결과적으로 일본 육군이 먼저 도착했지만 군함은 청국이 앞섰다. 그러나 정변 자체가 조선 국내에서 친청파의 손에 의한 쿠데타였기 때문에 청국 측의 우위는 부정하기 어려웠다. 외무대신 이노우에 가

---

7) 「이토 히로부미 관계문서(伊藤博文關係文書)」 제1권, p.178.

제1장 임오군란·갑신정변 시기의 대외론

오루는 조선과의 교섭에서 청국의 개입을 거부할 수 없다 판단했다. 이노우에는 청국의 개입이 조일 간의 배상·사죄 교섭에 호의적인 한 오히려 이를 이용해 교섭을 단기간에 끝내고자 했던 것이다.

이노우에 외무대신이 가장 우려한 점은 조선이 자명한 독립국인가 아니면 청국의 '속국'인가라는 1876년 2월 강화도조약 이래의 쟁점이 이 사건을 계기로 정면에 나와 청일 간의 전면적 대결로까지 사태가 확대되는 것이었다. 이에 관해서는 청국 측도 마찬가지의 방침을 취해 사건의 조기 해결에는 협력적이었다. 청국 측은 사건의 책임자 대원군을 청국에 연행해 민비파에게 정권을 되돌리고 조선 정부에는 일본의 배상·사죄 요구에 응하도록 권고했다.

그 결과 사건 후 불과 1개월 후인 1882년 8월 30일에 일본과 조선 사이에 이른바 제물포조약이 조인되었다. 전체 6개조로 이루어진 이 조약의 주요 내용은 일본 공사관을 습격한 범인의 체포와 주모자의 엄벌, 일본인 관리 피해자 및 유족에 대한 사죄와 배상, 공사관 호위병의 주둔 승인, 일본에 정식 사죄사절의 파견이었다. 이상이 이 시기 대외론을 검토하기 위해 필요한 최소한의 경과이다.

후쿠자와의 대청 강경론

이같은 임오군란의 경위에서 후쿠자와는 어떠한 주장을 전개했던 것일까. 임오군란 직후인 8월 1일 『시사신보』 사설에서

● 1.1 '조선 개조론'의 구조와 '탈아론'

후쿠자와는 하나부사 공사가 다시 조선에 건너갈 때에 대규모 육해군 파견을 주장하고 그 목적으로 두 가지를 들고 있다. 첫째는 '조선국은 중국의 소속이다'라고 주장하는 청국에 대비하기 위함이다. 그는 조선의 폭도진압과 질서회복을 위한 일본의 파병에 청국이 방해를 한다면 "우리 또한 동방의 남자국男子國으로 침묵하거나 이 만행을 용서하지 않을 것이다"(『전집』제8권, p.247)라고까지 주장하였다. 또하나의 목적은 이를 계기로 일본이 조선에서의 영속적인 거점을 만드는 것이다. 그는 이를 다음과 같이 논하고 있다.

> 사건이 이제 진정된 후에는 하나부사 공사로 조선 국무감독관國務監督官을 겸임하게 해 조선의 제반 정무를 감독하게 하고 어디까지나 개국주의開國主義의 사람을 보익·보호하며 조선의 정치를 맡게 해야 한다. 척화·쇄국의 무리들에 이르러서는 대원군이라도 용서하지 않으며 가차없이 견책징벌해 정치사회 바깥으로 물리쳐야 한다. 그리고 조선 인심에 어긋나지 않으며 병력으로 눈앞에 그 약속을 유지하게 하지 않으면 모든 일은 헛수고가 될 것이기에 감독관을 두고 전국 정무政務의 개량을 감독하는 동안은 적어도 6~7년, 길면 십 수년 간 일대一隊의 호위병을 경성에 주둔케 하고 의식주 등은 모두 조선정부가 공급해야 한다"(『전집』제8권, p.249)

이를 일독하면『시사소언』이나「조선의 교제를 논하다」등 임오군란 이전의 논설에서 후쿠자와가 '무武로 이를 보호하고 문文으로 이를 유도해 신속히 우리의 예를 따라 최근의 문명으로 들어가게' 하기 위해 '힘으로 그 진보를 협박'해야 한다고 논한 내용이 무엇이었는가는 명료해 질 것이다. 일본 군대를 주둔시켜 이후 조선총독부를 연상케 하는 듯한 '국무감독관'을 두고 이들의 힘으로 친일 세력이 정권을 잡게 한다는 것이 후쿠자와의 조선 개조 구상이었다. 그리고 주목해야 할 것은 이같은 개조 대상은 조선만으로 청국은 이러한 조선 진출의 방해자로 위치지어지는 점이다. 청국은 일본이 전쟁을 치르더라도 대결해야 할 상대국이지 결코 개조 대상은 아니었던 것이다.

후쿠자와의 이같은 대청 강경론은 1882년 8월 25일 사설에서는 한층 명확하게 나타난다. 즉 청국이 '이번 사변을 기화로 대거 조선의 내치·외교에 개입해 조선국은 우리 속국이며 조선 정부는 북경 정부의 별부別府이다'라는 태도를 내세운다면 '저들의 소망에 응해 전쟁을 개시해 동양의 늙고 썩은 거목을 일격에 쓰러트릴 뿐'이라 논한 것이다(『전집』제8권, pp.304-305).

후쿠자와가 아무리 서양 대 동양의 대립 도식을 강조하고 또한 아무리 주도면밀히 '지나·조선'을 병기한다 해도 그의 참 목적이 조선의 개조(=간섭)에 있었음은 임오군란 발발에 의해 명백해 진 것이다. 후쿠자와는 일본의 손에 의한 조선 개조 필요를 서양 열강의 아시아 진출에 대해 '지나·조선'을 개조하는 아시아 유일의 문명국의 임무라는 형태로 논해 왔지만, 임오군란을 둘러싸고 청일 관계가 긴박해지자 일본의 손에 의한 조선 개조의 최대 장벽은 서양 열강이 아닌 같은 아시아의 일국인 청국임을 명백히 했던 것이다.

청국은 강하다!

그런데 이같이 조선을 둘러싼 청일 관계의 대립이 명확해지자 청국이 과연 '동양의 늙고 썩은 거목'이며 일본에 의해 '일격에 쓰러'질 존재인가도 문제였다. 임오군란 후 얼마 지나지 않은 1882년 11월에 간행된 『병론兵論』에서 후쿠자와는 육군문고 발간의 「인방병비략隣邦兵備略」을 주요 자료로 청국 군사력, 특히 해군력이 결코 깔볼 수 없는 것임을 강조하고 있다. 즉 "병비략에 지나 해군의 경황을 기록해 말하길, 해군은 육군에 비하면 진보가 매우 신속해 조선소를 복주·상해 두 항구에 설치하여 왕성히 군함을 제조하거나 외국에 가 이를 구매해 … 숫자는 55척, 대포는 모두 274문이 있다. … 또한 지난 달 22일 『시사신보』의 잡보 중에 청국의 군함표를 기록했다. 이 표는 1880년 조사로 전년 조사와 비교하면 이미 5척을 늘려 60척이다. 진보의 실황 또한 이로써 알 수 있다"(『전집』제5권, pp.310-311)라 한 것이다. 여기에서는 생략하지만 『병론』에는 청국 육군의 실태에 관해서도 상세히 기술하고 있다.

이처럼 육해군 지도자와 같은 수준의 청국 군사력에 관한 정보를 가지고 있던 후쿠자와에게는 "청국이 무력하다는 인식" 등이 있을 리 없었다. 『병론』에서 후쿠자와는 "지나인을 문약하다고 보고 이를 업신여기는 것이 우리 무인武人들 대부분의 평가인데 이것은 올바르지 않다. 또한 정치학자류의 평론에

제1장 임오군란·갑신정변 시기의 대외론

서도 이를 업신여기는 경우가 많지만 이 또한 감복할 만하지 못하다"고 기록하고 있다. 나아가 후쿠자와는 "청국에서 근년 육해군 개정을 실시함은 단지 일부분이지만 실제 숫자를 보면 거의 우리 일본국 육해군에 동등할 뿐만 아니라 해군에 이르러서는 일본의 배에 가깝다"고까지 청국 군사력의 강대함을 인정하고 있는 것이다(『전집』제5권, p.307·311).

그럼에도 이미 서장에서 본 것처럼 『시사소언』에서도 「탈아론」에서도 후쿠자와는 청국을 조선과 동렬에서 취급하고 일본의 원조 없이는 곧 독립도 보전할 수 없는 약한 나라로 묘사하고 있다. 『시사소언』에서는 "우리의 근린인 지나·조선 등이 느리고 둔하여 그 위력에 대항할 수 없음은 목조 건물이 불에 견딜 수 없는 것과 같다"고 서술하고 있다. 또한 「탈아론」에서는 "불행한 일은 가까이에 지나와 조선이라는 나라가 있음이다. ··· 우리가 이 두 나라를 보건대 현재의 문명 동점 풍조의 시기에 실로 독립을 유지할 길이 없을 것이다"라고 기술하였다.

확실히 임오군란 발발에 의해 후쿠자와가 청국의 역량을 다시 보고 이를 조사하기 위해 『병론』을 집필했다는 면도 무시할 수 없다. 『병론』집필을 위해 후쿠자와는 당시 일본 군부의 중심적 지도자였던 야마가타 아리토모의 소개로 육해군 자료를 입수했으리라는 것은 1882년 11월 8일 야마가타에게 보낸 서한에서 그가 "지난번 이래 여러 가지 배려해 주신 서류들로 병론 한편을 이번에 정리해 한 책으로 완성했으므로 몇 부

1.1 '조선 개조론'의 구조와 '탈아론'

보내드립니다"라고 한 것으로부터 추측할 수 있다(『전집』제 17권, p.523). 앞서도 기술한 것처럼 후쿠자와는 『병론』에서 육군문고가 발행한「인방병비략」이하 자료를 사용해 청국의 육해군비의 실정을 상당히 상세히 기술하고 있으므로 이에 관한 사례謝禮일 것이다.

군부는 임오군란 이전부터 이웃나라 청국의 군사력이 무시할 수 없음을 강조해 야마가타도 1880년 11월 말「인방병비략」을 천황에 제출하는 상주문에서 "이웃나라 병비의 강함은 한편으로는 기쁘면서도 두려워할 만합니다"라고 기술하였다. 그리고 이같은 청국 군사력에 대한 경계는 당연히도 임오군란 이후 한층 강해졌다. 1882년 11월에 해군대신 가와무라 스미요시川村純義가 제출한 아래의 군비확장 상신서에서는 청국과의 대결이 가까워졌고 청국 군사력이 강대함을 임오군란 이후 더욱 강조하는 군부의 모습이 보인다.

> 곰곰이 동양 형세를 시찰함에 앞서 타이완 침공(타이완 침공)이 있었고 올해에는 조선 사변(임오군란)이 있었다. 다행히 국면을 평화롭게 종결했다 하더라도 또한 류큐 사건이 지나와 관련되어 결코 장래 무사함을 보장할 수 없다. 그리고 지나의 근황을 보건대 군비에 힘쏟아 해군을 정비함이 실로 지난날에 비할 바가 아니다. 저들이 현재 갖추고 있는 바 대소 군함은 이미 60여 척에 이르고 또한 내외국에서 제조 중인 군함·포선·수뢰선 등이 허다하며 베를린 슈왈코프사社와 어형魚形 수뢰 200개를 약정했다고 한다. 그 뜻이 어디에 있는가 살피지 않을 수 없다. … 그런데 우리 해군의 현황을 돌아보면

제1장 임오군란·갑신정변 시기의 대외론

> 군함 가운데 실용에 적합한 것은 겨우 수척에 불과하다. 즉 작년 상신에서 상세히 한 바와 같다. 그 밖에는 모두 수년을 지나지 않아 폐선廢船에 속하는 것뿐이다. 일단 무슨일이 생기면 무엇으로 국권을 유지할 수 있을 것인가. 작년 상신에서 20개년을 기한 예산은 … 통상의 비율을 세웠다고 하더라도 동양 일일의 형세는 이미 일변해 시기가 절박하니 해군의 경비警備는 조금이라도 유예할 때가 아니다. 따라서 단연히 경비經費 지출의 방법을 계획해 늦어도 이번 8개년 간 우선 신함新艦 48척을 정비하고자 한다.[8]

1881년 12월 해군의 군비확장 요구가 20년 간 60척의 군함 건조였던 것이 임오군란을 경험한 후인 이 문서에서는 8년 간 48척이니 갑절로 늘어났다. 일반적으로 군부는 군비확장 계획의 실현을 위해 대외적 위기를 과대평가하는 경향이 있음은 말할 것도 없지만 같은 해군대신이 일 년 간격으로 제출한 두 상신서에서 이 정도의 차이가 있는 것은 임오군란을 경계로 한 대청 관계의 긴박화에 의한 것임은 의심할 여지가 없을 것이다. 후쿠자와의 청국 인식이 이같은 육해군의 청국 인식에서 큰 영향을 받았음은 쉽게 상상할 수 있는 바이다.

그러나 동시에 임오군란에서 대청 결전도 불사한다는 강경론과 조선 보호국화론에 이 『병론』에서의 '강한 청국'에 대한 인식 강조를 더하면 이 절 서두에서 서술한 가설이 옳았다고

---

[8] 「군함제조에 관해 재차 상신<안>(軍艦製造ノ儀ニ付再度上申)」 1882년 11월 15일, 「가바야마 스케노리(樺山資紀) 관계문서」 165.

생각할 수도 있다. 후쿠자와는 『병론』에서만큼 명확하지는 않았다고 하더라도 『시사소언』을 쓴 시점에서 조선 문제와 중국 문제를 동일시하고 있었던 것은 아니며 조선 개조(=일본화)의 필요를 일반적인 형태로 서술하기 위해 '지나·조선'의 개조라는 주장을 내세운 것에 불과하다고 생각하는 편이 앞서 설명한 임오군란 직후 후쿠자와의 대對조선·대청국 정책을 훨씬 정합적으로 이해하는 길이다.

조선 개조를 위한 청국과의 대결

어찌되었든 임오군란 직후 사설부터 『병론』에 걸쳐 후쿠자와가 『시사소언』때처럼 조선 문제와 중국 문제를 동일하게 '아시아 개조'로 논하기는 사실상 불가능해졌다. '지나·조선'의 개조가 아닌 조선의 개조를 위해 청국과 대결하는 것으로 문제를 제출해야만 했기 때문이다. 이는 1882년 12월 7일부터 12일에 걸쳐 『시사신보』에 연재된 「동양의 정략 과연 어떻게 할 것인가」라는 제하의 논설에서 한층 분명하게 나타난다 하겠다.

12월 7일 논설에서 후쿠자와는 다음과 같이 논하고 있다.

> [일본은 지금까지] 평화주의를 중시해 그 목적하는 바는 단지 동양 삼국의 문명 개진에 있을 뿐임에도 오직 지나 정부가 이 문명 개진을 달가워하지 않는 것인지, 혹 문명 개진의 선봉을 다툼은 자국의 장점이 아님을 알아 완명고루頑冥固陋의 잘못된 아집인지, 지금은 동양 전면全面의 이해利害를 잊고 자국에 국한되어 사사로이 경영해 그

제1장 임오군란·갑신정변 시기의 대외론

> 여독餘毒은 일본과 조선의 교제에까지 파급되어 마침내 쌍방 사이에 불쾌한 생각을 품게 한 것은 우리가 가장 유감스러워 하는 바이다. 우리의 동양 정략은 지나인 때문에 해를 입었다 말하지 않을 수 없다.(『전집』제8권, p.428)

이 논설에서 분명히 보이듯 후쿠자와가 임오군란 직후에 명확히 주창한 조선의 보호국화는 일본과 대등 혹 그 이상의 군사력을 가진 청국의 개입에 의해 실현을 보지 못했을뿐 아니라 '일본과 조선과의 교제'조차 '마침내 쌍방 사이에 불쾌한 생각을 품게' 되는 상황이 되었던 것이다. 이는 조선 국내에서 친청파의 우세와 청국의 발언력 증대를 의미함은 말할 것도 없으리라. 『시사소언』이래 후쿠자와가 줄곧 주창해 왔고 임오군란 발발에 의해 일단 실현 가능성까지 보였던 조선 개조(=일본화) 정책이 청국의 개입에 의해 곤란해 진 것이다.

후쿠자와가『시사소언』이래 의식적으로 조선과 중국을 동일하게 보고 약체인 두 나라를 문명화하기 위한 정책으로 자신의 조선 개조론을 위치지은 것을 생각하면 이같은 사태가 그에게 얼마나 유감스러웠던가는 상상하기 어렵지 않다. 이틀 뒤 논설에서 후쿠자와는 이 무념함을 다음과 같이 격한 어조로 이야기하고 있다.

> 나는 어리석게도 수년 전을 회고하건대 우리정부가 오로지 내치에 주의를 쏟아 거액의 자본을 투자해 광산업에 종사하거나 축항築港을 꾀하는 등 기타 권업勸業의 뜻으

로, 이런저런 상공업을 보호하고 또한 여러차례 법률을 개정하는 것에 국고를 사용하고 당국자가 정력을 기울임이 실로 수월하지 않음을 보면서 당시는 이를 비난하지 않고 도리어 은근히 찬성한 것을 지금 생각하면 참회할 뿐이다. 만일 수년 전에 이 자본과 정력을 병비兵備에만 사용했다면 오늘과 같이 급히 서두를 일은 없을 것이니 그저 이전의 견식 없음을 오직 스스로 참회할 뿐이다.
(『전집』제8권, pp.432-433)

이렇게까지 청국에 대한 라이벌 의식이 표면화되면 후쿠자와도 더 이상 자신의 조선 개조론을 아시아 개조론으로 계속 주장하는 것은 곤란했다. 이 시점에서 후쿠자와는 조선 개조론의 정당성을 다른 곳에서 찾아야만 했던 것이라 하겠다.

청불 대립과 청일 대립

그런데 이듬해인 1883년에 후쿠자와의 대외론은 아직 확실한 전환을 보이지는 않는다. 이 해 초두부터 시작된 안남을 둘러싼 청국과 프랑스의 대립이 후쿠자와의 입장을 복잡하게 했다. 프랑스의 안남 진출은 한편으로 후쿠자와가 일관되게 주창해 온 서양 열강의 동아시아 진출의 위험이 현실화한 것으로 후쿠자와의 종래 주장이 옳았음을 증명하는 것이었다.

후쿠자와는 1883년 10월 22일 사설에서 「안남을 조선땅으로 바꾸어 보면 어떻게 될 것인가」라는 제하에 1867년[9]에

---

9) 프랑스군이 강화도에 침입했던 병인양요가 1866년에 있었다.

제1장 임오군란·갑신정변 시기의 대외론

조선이 현 안남과 마찬가지로 프랑스 소유로 귀결될 가능성이 없지는 않았다고 지적하며 서양 열강의 조선 진출의 위험이 여전히 존재함을 경고하고 있다(『전집』 제9권, pp.224-225). 그러나 약 1개월 반 전에는 「지나와의 교제에 대처하는 방법 여하」라는 제목의 논설을 발표해 일본과 청국이 조선 문제를 둘러싸고 전면 전쟁에 돌입할 위험이 없어진 것은 아님을 역설했다(『전집』 제9권, pp.158-161). 전자를 강조하면 일본의 조선 진출은 여전히 '아시아 개조론'으로 정당화할 수 있지만 후자를 강조하면 '탈아론'적으로밖에 일본의 조선 진출을 정당화할 수 없다. 후쿠자와의 '대외론'은 1883년의 시점에서 이 양면성을 모두 보이고 있다.

이같은 후쿠자와의 양면성은 이 시기의 안남을 둘러싼 청불 대립과 조선을 둘러싼 청일 대립의 상호 관계가 가진 양면성과 관련되어 있다. 한편으로는 1883년 초부터 8월의 「1차 후에조약Traité de Hué」[10]의 체결과 같은 해 말 안남사변[11]의 발발을

---

10) 제1차 후에조약은 1883년 8월 25일 프랑스와 베트남 사이에 체결된 조약(안불 신보호조약, 계미화약, 아르망조약 등으로도 불림)으로 안남과 통킹을 프랑스 보호령으로 삼은 불평등 조약이다. 베트남을 둘러싼 청과 프랑스 사이의 무력 충돌이 이어지는 가운데 1884년 5월 청과 프랑스 사이에 간명조약이 체결되어 사태는 일단락된다. 그러나 이후 양국 군대가 재차 충돌하며 1884년 8월부터 이듬해 4월까지 본격적인 청불전쟁(1884.8~1885.4)이 벌어지게 된다.
11) 안남사변(安南事變)이 명확하게 뭘 지칭하는지 불분명하다. 보통 안남사변으로 적으면 청불전쟁을 가리키는데 1883년 말이라고 했으니 본격적인 청불전쟁 시기보다 조금 앞이다. 1883년 말에는 프랑스의 통킹원정 기간(1883.3~1886)에 벌어진 여러 전투 중에서 선떠이 전투(Sơn Tây campaign, 1883.12)가 있었다.

● 1.1 '조선 개조론'의 구조와 '탈아론'

거쳐 이듬해인 1884년 5월 강화에 이르기까지의 청불 간의 장기간 분쟁은 청국의 '속방'에 대한 강한 집착을 보여주는 것으로 역시 청국의 '속방'인 조선을 둘러싼 청일 관계와 유사하게 인식되었다. 이 경우에는 청국을 무시할 수 없다는 점이 강조된다. 후쿠자와는 1884년 3월 5일 「일본은 지나에 뒤덮이지 않기를 각오해야 할 것이다」는 사설에서 일년 가까이 교착상태가 이어지고 있는 안남을 둘러싼 청불 대립 속에서 청국이 점차 '문명의 문'으로 들어가고 있음을 지적하고 일본인에게 한층 문명화 노력을 요청하고 있다(『전집』제9권, pp.413-416).

그러나 다른 한편에서는 안남 문제를 둘러싸고 청불 간 대립이 이어지고 있는 한 조선 문제를 둘러싼 청국의 대일 태도는 부드러워질 수밖에 없다. 이는 일본의 조선 진출에 재차 기회가 온 것을 의미하기도 했다. 이같은 관점에 서면 프랑스의 안남 진출을 가까운 장래에 서양 열강에 의한 조선 진출의 위험성을 시사하는 것으로 한 '아시아 개조론' 또한 유효성을 갖게 된다. 후쿠자와가 이 관점을 아직 버리지 않은 것은 앞서 본 대로다.

대청 관계에서 '탈아'

요컨대 한편으로 조선의 개조를 재차 노리고 있다는 점에서 '아시아 개조론'의 잔재를 남기고 다른 한편으로 동일하게 아시아의 일국인 청국과의 대립을 주장해야 한다는 임오군란 이후 후쿠자와 대외론의 양면성은 1883년부터 1884년 전반까지도 계속되었다 보아도 좋을 것이다. 이 양면성을 극복하는 길은

제1장 임오군란·갑신정변 시기의 대외론

중국 문제와 조선 문제가 완전히 다른 차원의 문제임을 명확히 하는 것이었다. 다시 말하면 청국과의 관계는 대등한 국가간 힘의 논리 문제로 파악하고 조선 문제만을 '아시아 개조' 문제로 위치짓는 것이다. 한발 더 나아가자면 후쿠자와가 애초 목표로 삼지 않았던 '청국 개조'라는 주장을 전면적으로 철회하고 대청관계에서만 '탈아'하는 것이었다.

1884년 5월에 일단 체결된 청불 간 강화가 같은 해 8월에 재차 파기되고 9월에 청불전쟁이 전면적으로 일어나자 후쿠자와는 이 입장을 선명히 내세웠다. 1884년 9월 4일 「순치보거脣齒輔車라는 옛말은 믿을 만하지 않다」라는 사설에서 후쿠자와는 다음과 같이 논하고 있다.

> 일본·지나의 관계는 흡사 순치보거와 같아 지나의 패배는 곧 일본국이 이웃의 도움隣援을 잃는 것으로 청불 교전은 실로 우리 국민이 강 건너 불보듯 할 평범한 사건이 아니라고 한다면 그 주장은 상당한 이치가 있다 하겠다. … 그렇지만 내 소견은 조금 다른 바가 있다. 본래 우리 일본은 지리상으로 말하자면 동양의 한 나라로 지나와 이웃해 관계가 매우 밀접하다고는 하나 지금 19세기에 이 지리 관계를 세론勢論의 표준으로 하기 부족하다. … 일본의 개국 이래 오늘까지 독립을 유지하고 금구무결金甌無缺12)한 체면을 갖게 된 것은 오로지 서양 문명의 이기利器를 채용해 그 이용에 태만하지 않은 결실로, 일찍이 지나가 있었기 때문에 일본에 중요한 것이 더해진 일이 없음은 무릇 세인도 모두 알고 있으리라 의심하지 않는

---

12) 금 사발에 흠이 없음. 외적의 침입을 받지 않은 나라를 비유한다.

● 1.1 '조선 개조론'의 구조와 '탈아론'

> 다. 오직 이뿐 아니라 오늘까지의 형세에 관해 논할 때 지나와는 늘 대치하고 그 군함이나 수군 육군의 거동도 일시적으로는 일본의 주의 경계를 야기해 지나 정부의 동양 정략은 끊임없이 우리로 하여금 안심하지 못하게 하는 바가 있다. 그럼에도 그 나라의 3~5년 최근 상황은 외국과 전쟁을 벌여 곧잘 실패하고 누차 패배한 나머지 우리 일본인도 지금은 지나를 두려워 할 바 없다. 다만 이후는 서양 각국과 대치해 사방에 국권을 펼칠 본색으로 돌아가 두려워할 바도 오직 서양 각국에 있을 뿐이며 교제할 바 또한 오직 서양 각국에 있다고 결심, 각오를 다짐하는 것이 곧 오늘날 우리 국민의 심사일 것이다. (『전집』제10권, pp.31–32)

'지나의 패배는 곧 일본국이 이웃의 도움을 잃는 것'이라는 후쿠자와 자신이 『시사소언』이래 반복해 주창해 온 주장을 '내 소견은 조금 다른 바가 있다'며 태연히 배척하고 있기에 후쿠자와의 논리적 일관성을 의심하게 될지 모르나 「탈아론」과 외견상 유사한 이 논설에서 후쿠자와가 오로지 '지나'와의 관계에 관해 이야기하고 있는 것을 눈치채면 이 논설만큼 후쿠자와의 주장이 정직하게 나온 것은 없다. 『시사소언』이래 후쿠자와가 관심을 가지고 있던 것은 조선 개조로 청국 개조는 아니라는 지금까지의 관점에 서자면 후쿠자와가 '지나의 패배'를 전혀 개의치 않은 것은 오히려 당연하다.

이 논설은 「탈아론」의 원형으로 인용되는 것이 보통이나, 후쿠자와는 여기에서 그가 원래 관심을 갖고 있지 않던 '청국 개조'를 '조선 개조'와 병기하는 일을 그만둔 것에 불과하다.

제1장 임오군란·갑신정변 시기의 대외론

후쿠자와가 조선 개조(=일본화)를 포기하지 않는 한 그의 '탈아'는 완료되지 않은 것이다.

이같은 관점에서 이 논설은 『시사소언』에서 「탈아론」에 이르는 3년 반의 후쿠자와의 대외론 구조를 아는 데에 극히 중요한 시사를 제공하고 있다고 하겠다. 첫째로 이 논설에서 후쿠자와는 "지나와는 늘 대치하는 모습"이었다고 기술한다. 이 점을 염두에 두고 『시사소언』 이래 그의 대외론을 읽으면 그가 누차 사용한 '지나·조선'이라는 대구에 당혹함 없이 그가 어느 쪽에 관해 말하고 있는가는 판명할 수 있을 터이다.

둘째로 후쿠자와는 여기에서 '지나 정부의 동양 정략은 끊임없이 우리로 하여금 안심치 못하게 한 바'라 솔직히 기술하고 있다. 아시아 개조를 내세우면서 그 실체는 조선 개조뿐임을 목표로 했던 후쿠자와에게 청국 군사력의 강대함과 조선에 대한 집착은 이중의 장애였다. 하나는 말할 것도 없이 그의 조선 개조(=친일파) 육성론이 청국 및 조선 내의 친청파에 의해 방해를 받았다는 현실적 장애며, 또 하나는 이 장애로 조선 개조를 아시아 개조로 논한 후쿠자와의 아시아 개조론은 끊임없는 모순에 빠졌기 때문이다. 그렇다면 마지막의 최근 프랑스에게 계속 패배당한 청국을 보며 '우리 일본인도 지금은 지나에 대해 또한 두려워할 바 없다'라고 한 구절은 그의 솔직한 감상이라 받아들여도 좋을 것이다.

1.1 '조선 개조론'의 구조와 '탈아론'

갑신정변과 후쿠자와 유키치 – 조선 문제에서 '탈아'

청불전쟁에서 청국의 패배로 '지나에 대해 또한 두려워할 바 없다'라고 말하게 된 것은 일본의 조선 개조의 호기가 다시 왔다는 말이기도 하다. 1884년 8월 9일「조선내 일본의 이해 관계는 결코 가볍지 않다」는 제하의 사설에서 후쿠자와는 안남사변에서 청불 대립은 안남 문제가 "흡사 지나와 조선의 관계에 부합"하므로 "조선인이 주의하는 바가 각별"했는데 일년 반 가까운 분쟁 결과 청국의 패배가 분명해졌기 때문에 조선인도 "지나가 기댈 만하지 못한" 것을 이해하기에 이르렀다고 기술하고 있다(『전집』제10권, p.9). 나아가 후쿠자와는 "지나는 조선을 대하는 권세를 잃고 조선은 지나에 대한 경외심을 잃"은 지금이야말로 "한일 교제는 매우 긴급한 시기"를 맞이했다고 논한다.

이 논설은 실패로 끝난 박영효·김옥균 등 친일파 세력을 일본공사관 및 주류 일본군이 원조해 일으킨 1884년 12월의 갑신정변에 대한 후쿠자와 자신의 관여[13]를 시사한다.

친일파 쿠데타가 일본 현지군의 원조에도 불구하고 청국 군대에 의해 진압되었을 때 후쿠자와는『시사소언』이래의 조

---

[13] 후쿠자와의 갑신정변 개입은 그의 '조선 개조론'이라는 구상 속에서 이루어졌다. 다만 갑신정변이라는 현실문제의 직접적인 개입은 후쿠자와의 문하생이라 할 수 있는 이노우에 가쿠고로, 후쿠자와와 밀접한 관계를 맺고 있던 자유민권 운동가 고토 쇼지로 등에 의해 이루어졌다. 최근 연구에서도 지적하고 있듯, 후쿠자와는 큰 판을 짜되 자신은 한발 물러서서 정세의 추이를 흥미롭게 관찰하는데 그치는 '정치의 진찰의(診察醫)'를 자처했던 것이다. 김종학,『개화당의 기원과 비밀외교』, 일조각, p.301.

제1장 임오군란·갑신정변 시기의 대외론

선 개조론을 최종적으로 포기해야만 했다. 그가 몇해 전부터 해 온 주장이 실현되길 시도해 실패로 끝난 것이기에 갑신정변 직후 후쿠자와의 논의는 극히 격앙되었다. 12월 27일 「전쟁이 일어나면 필승의 방법이 있다」라는 제하의 사설에서는 단순히 조선으로의 출병뿐 아니라 "육해로 대거 지나에 진입"하는 것을 주장해 "우리의 일신을 더 이상 아끼지 말고 목숨을 바쳐 북경까지 진격해야 한다. 우리의 재산을 더 이상 아끼지 말고 모두 이를 군비로 제공해야 한다"고까지 논하고 있다(『전집』 제10권, pp.159-162).

그러나 격앙된 어조는 차치하고 대청 강경론은 후쿠자와의 임오군란 이래 일관된 주장이다. 나아가 이번 갑신정변에서는 임오군란과 달리 일본의 정규군이 청국의 정규군에 의해 부득이 후퇴하며, 쿠데타를 일으킨 친일파 한국 요인要人을 지켜내지 못한 것을 생각하면 후쿠자와의 격앙된 대청 개전론은 특별히 놀랄 일도 아니다. 후술하듯 갑신정변 이후부터 톈진조약 체결까지의 시기에는 조야朝野를 불문하고 후쿠자와와 같은 대청 개전론이 충만했다.

갑신정변 이후 후쿠자와의 대외론에서 특징적인 점은 이같은 대청 개전론이 아니라 그의 조선에 관한 위치짓기의 변화에 있다. 그는 1884년 12월 26일 사설에서 조선과 청국의 관계를 "마치 한 몸에 두 머리를 붙인 모양"이라 표현하고(『전집』제10권, p.156), 나아가 1885년 2월 26일의 「조선 독립당의 처형」이라는 제하의 사설에서는 "우리는 조선국에 대해 조약의

● 1.1 '조선 개조론'의 구조와 '탈아론'

공문상으로는 본래 대등한 교제에 다름 아니라 하였지만 인정人情한 가지 점에 이르러서는 그 나라 사람이 지나의 굴레羈軛를 벗어나 문명의 정도正道에 들어가 유형무형의 모든 일에 관해 우리와 함께 이야기해 놀라지 않을 정도가 되지 않으면 안타깝지만 이를 동족同族으로 볼 수 없다. 조약면에는 대등하게 존경을 표해도 인민의 정교情交에서 친애를 다할 수 없는 것이다. 서양국인이 동양 각국을 대함에 종지宗旨가 달라 쌍방 인민의 교제가 미묘한 가운데 왕왕 말할 수 없는 장애를 보는 일이 있다. 지금 우리 일본인민도 조선국에 대해 또한 지나국에 대해 스스로 미묘한 부분에 곤란이 있음을 깨달음은 유감을 금할 수 없는 바이다"(『전집』제10권, p.226)라고 기술하고 있다.

갑신정변으로 조선 국내의 친일파 세력이 일소되자 후쿠자와의 일관된 대외론인 조선 개조론의 실현 가능성이 사라져 후쿠자와로 하여금 조선에 대한 '친애親愛'를 포기하게 했던 것이다. 다시 말하자면 후쿠자와는 이 논설에서 조선의 친일화 정책을 포기하고 이후는 국가와 국가 사이의 관계로 조선국 문제를 완전히 힘의 논리 차원에서 취급해야 한다고 주장하고 있다. 후쿠자와는 갑신정변을 경계로 조선 문제에서도 '탈아'했던 것이다.

이미 서술한 것처럼 대청 관계에서 '탈아'는 후쿠자와에게 언어상의 전환에 불과하고 그의 대청 정책론은 임오군란 이래 혹은 더욱 더 거슬러 올라가면 『시사소언』이래 기본적으로 일관된 강경론이었다. 그러나 조선 개조론 포기는 후쿠자와에게

제1장 임오군란·갑신정변 시기의 대외론

분명한 대외론의 전환이었다. 이미 본 것처럼 후쿠자와의 조선 개조론은 일본의 군사적·경제적·정치적 압력 하에서 진행되기는 했으나 동시에 조선 국내에 일본을 모델로 한 근대화를 목표로 삼은 친일파 세력의 존재를 전제로 하고 있었다. 그의 '아시아 개조론'은 조선 국내에서 이에 호응하는 세력의 원조를 목적으로 한 것이며 대청 관계의 긴박화로 이를 '아시아 개조'라는 말로 표현할 수 없게 되었어도 이 원조는 서양 열강의 아시아 침략을 강조하여 '아시아 개조론'적으로 꾸미는 것은 가능했다. 그러나 그 대전제인 조선 국내의 친일파 세력이 일소된 이상 후쿠자와는 조선에 관해서도 '탈아'를 강요받은 것이다. 이미 서술한 1884년 9월 4일의 「순치보거라는 고사성어는 믿을 만하지 않다」와 1885년 3월 16일의 「탈아론」을 주의 깊게 대조해 보면 전자에서는 '조선'이 전혀 언급되지 않으나 후자에서는 '지나·조선'으로부터의 '탈아'가 이야기되고 있음을 알 수 있다.

「탈아론」은 침략적인가?

보통 후쿠자와의 「탈아론」은 그의 '아시아 개조론'으로부터 '아시아 침략론'으로의 전환을 보여주는 논설로 인용된다. 후쿠자와에 관해서뿐 아니라 '탈아'라는 말은 일본 아시아 침략의 대명사로 사용되는 것이 보통이다. 그러나 후쿠자와에 관한 그의 대외론은 그가 조선 개조론을 주창한 때가 「탈아론」 이후보다도 훨씬 침략적이었다.

● 1.1 '조선 개조론'의 구조와 '탈아론'

1882년 7월의 임오군란을 후쿠자와는 조선 국내에서 친일파가 일본의 무력에 의해 정권을 잡을 호기라 생각했다. 1884년 12월의 갑신정변은 임오군란과는 역순으로 후쿠자와의 이러한 주장을 실현하고자 해 실패한 쿠데타였다. 임오군란에서 후쿠자와는 조선 국내에서의 자연 발생적인 반일 폭동을 친일파 정권의 탄생에 이용하고자 한 것에 반해, 갑신정변은 후쿠자와가 육성해 온 조선 국내의 친일파 세력의 쿠데타로 발발해 실패했다는 의미에서 양자의 순서는 정반대였던 것이다. 그러나 어느 경우든 후쿠자와는 조선에서 무력을 행사하고 이를 배경으로 친일파 정권을 수립하고자 끊임없이 기회를 노리고 있었다는 의미에서 「탈아론」 이후보다 훨씬 침략적이었다.

「탈아론」 이후에도 후쿠자와는 조선으로의 진출을 단념한 것은 아니었지만 이는 청일 간 언젠가 발생할 결전의 결과에 의한 것으로 일개의 사상가·저널리스트가 더 이상 조작할 수 있는 문제는 아니라는 의미에서 동아시아 팽창에 대한 후쿠자와의 적극적 관여는 급속히 감퇴해 갔다. 그 때문에 만일 관점을 아시아 침략인가 아닌가라는 점에 집중한다면 '아시아 개조론' 시대의 후쿠자와는 「탈아론」 이후의 후쿠자와보다도 훨씬 규탄받아 마땅하다.

다만 여기에서 나의 관심은 그 같은데 있지 않다. 서장에서 말한 것처럼 일본인의 아시아 팽창의 '사상'을 추구한다는 관점에 서면 「탈아론」 이전의 후쿠자와가 그 이후의 후쿠자와보다도 아시아 침략이라는 메이지 일본의 과제에 대해 훨씬

제1장 임오군란·갑신정변 시기의 대외론

사상가로서의 긴장감을 가지고 대처한 것으로 보인다. 앞서 기술한 것처럼 그는 일본의 조선 진출을 이른바 사중으로 정당화하고자 사상가로서 필사적으로 노력했다. 첫째로 일본은 구미 문명을 흡수한 나라로 이를 이웃나라에 수출할 의무가 있다는 것, 둘째로 조선 국내에 이러한 문명의 수입을 요구하는 지도자가 존재한다는 것, 셋째로 일본이 문명을 학습한 서양 선진국은 이제 아시아 침략의 기회를 호시탐탐 노리고 있는 것, 넷째로 일본의 조선 진출은 서양 선진국으로부터 아시아를 지키기 위함이자 일본 자신의 독립을 보호하기 위해서도 필요하다는 것이라는 네 가지가 「탈아론」 이전 후쿠자와가 제출한 조선 진출 정당성의 논거였다.

이에 반해 「탈아론」 이후 사상가로서 후쿠자와가 보여준 노력은 훨씬 얄팍한 것이었다. 확실히 '문명'의 논리가 남아 있긴 했으나 그 '문명'은 일본보다도 서양 선진국 쪽이 훨씬 잘 체현하고 있었기 때문에 일본의 아시아 진출은 이제 서양의 아시아 진출의 떡고물을 받는 것 이상이기 어려웠다. 서양 선진국이 아닌 일본만이 조선에 진출할 수 있다는 논거는 더 이상 존재하지 않았다. 후쿠자와의 명예를 위해 말하자면 이미 기술한 것처럼 이같은 사태에 몰린 이후의 후쿠자와는 다른 정치가·사상가에 비교해 특별히 팽창주의적인 것은 아니었다. 후쿠자와는 그가 가장 팽창주의적이었던 시기에만 그 팽창의 정당성에 관해 사상가로서 가장 진지하게 대처했던 것이다.

이같은 견해는 너무 역설적으로 들릴지도 모른다. 그러나 메이지 시대의 정치가나 사상가로 일본이라는 '신체'가 계속 팽창해 가는 것을 부정하는 일은 쉽지는 않았을 터이다. 1970년대 후반인 현재[14])에도 도대체 몇 명의 정치가·사상가가 정말로 일본의 경제적 대외팽창에 반대하는지 극히 의심스럽다. 그렇다면 '신체'와 '사상'의 이원론으로 태연자약했던 정치가·사상가 혹은 일반 서민들보다 그 일원화를 위해 사상가로서의 모든 예지叡智를 쏟아붓고자 한 후쿠자와 쪽이 몇 배 훌륭할지 모른다. 우리는 '신체'의 팽창을 긍정해야 한다고 판단한 후쿠자와가 이를 위해 필사의 사색적 노력을 한 점을 더욱 정면에서부터 바라볼 필요가 있는 것은 아닐까.

그러나 본절에서 명백히 한 것처럼 후쿠자와조차 일본의 조선 진출을 항구적으로 정당화하는 논리를 제공할 수는 없었다. 『시사소언』에서 당당히 등장한 그의 조선 진출론은 동아시아의 정세 변화 속에서 점차 후퇴할 수밖에 없었음은 본절에서 장황하게 분석한 대로이다. '신체'의 팽창을 부정하는 '사상'을 가지지 못했을 뿐 아니라 이를 긍정할 '사상' 또한 발견해 낼 수 없다는 모순은 메이지 중기의 후쿠자와에게만 존재한 상황이 결코 아니었다. '신체'도 '사상'도 있으나 결국 '신체의 사상'도 '사상의 신체'도 가질 수 없었던 메이지 중기의 특출난 사상가가 보여주는 모순은 현재의 우리들의 모순이기도 하리라.

---

14) 본서의 초판은 1977년 간행되었다.

제1장 임오군란·갑신정변 시기의 대외론

1.2 '청일협조론'과 '탈아론'

'청일협조론'의 변천

앞절에서 우리들은 1882년 7월 임오군란 이후부터 1884년 12월 갑신정변에 이르기까지 일관되게 청국과의 대결을 강조한 후쿠자와 유키치의 대외론을 검토하고 아울러 그와 상당히 가까운 입장을 취하고 있던 육해군 지도자의 대외 경계론에 관해서도 언급했다. 그러나 임오군란 발발부터 이듬해인 1883년 8월의 「1차 후에조약」 체결에 이르는 약 일 년 동안은 메이지 정부 내부에도, 또한 민간 언론기관 사이에도 조선 문제를 둘러싼 청일 대결을 회피해야 한다는 '청일협조론'을 주창하는 자들 또한 결코 적지 않았다.

보통 이같은 '청일협조론'은 '아시아 연대론'으로 이해되며 점차 청국이 무력하다는 인식의 등장과 함께 '아시아 개조론'으로 이행하고 나아가 제국주의 시대의 개막이라는 인식이 강해지자 '탈아론'으로 전환된다고 여겨진다(p.35 '들어가며' 참조). 그러나 지금까지 이같은 삼단계론에서 각 단계를 대표하는 정치가·사상가는 각각 달랐다. 가령 '청일협조론'의 대표적 주창자로는 보통 이와쿠라 도모미가 언급되는데 그는 '청국 개조론' 혹은 '탈아론'자가 되기 전에 사망했다. 또한 '아시아 개조론'과 '탈아론'의 전형적인 주창자로 여겨지는 후쿠자와 유키치에게는 당초부터 '청일협조론'이 전혀 포함되어 있지 않았으며 나아가 '청국 개조론'도 포함되어 있지 않았던 것은

1.2 '청일협조론'과 '탈아론'

앞 절에서 서술한 대로다.

그렇다면 이 시기 대외론의 삼단계로 일컬어지는 '청일협조'→'아시아 개조'→'탈아'의 도식은 극히 불안정한 토대 위에 구축된 것이라 할 수 있다. A·B·C 세 사람이 각각 a1·b1·c1의 주장을 하고 그 주장을 한 시대가 각각 1882·1883·1884년이라는 것에서 이 시기의 대외론은 a1→b1→c1 순서로 변화해 갔다고 할 수 있을까. 여기서 말할 수 있는 것은, A·B·C 세 사람이 a1·b1·c1라는 대외론을 각 시기에 주창했다라는 것뿐이다.

이에 반해 만약 우리가 A라는 한 인간이 1882·1883·1884년 각 시기에 a1→a2→a3 순으로 대외론을 변화시켜 갔다는 것을 알 수 있다면 우리는 이 세 대외론의 상호 관계를 알 수 있다. 왜냐하면 이 경우 '주어'는 일관되게 A이기 때문에 변화하는 것은 구체적인 대외 관계와 그의 대외론뿐으로 양자의 상호 관계를 알 수 있기 때문이다.

앞선 경우와 같이 A·B·C 세 사람이 일회성으로 a1·b1·c1이라는 대외론을 가졌다면 무엇보다 '주어'가 그 때마다 바뀌기 때문에 a1·b1·c1의 대외론의 차이가 무엇에 기반했는지 파악할 수 없다. 동아시아 국제정세의 차이가 a1→b1→c1의 순으로 대외론을 변화시켜 갔을지도 모르나 동시에 애초 A·B·C 세 사람이 완전 다른 사고방식을 가지고 있었을지도 모르는 것이다.

우리는 이미 앞절에서 후쿠자와 유키치 한 사람에게 '주어'를 한정해 종래 '청일협조'→'아시아 개조'→'탈아'의 삼단계론과는 크게 다른 대외론의 변천 패턴과 그 논리 구조를 밝혔다. 본절에서는 후쿠자와의 '조선 개조론'과 대립 관계에 있던 '청일협조론' 주장자의 대외론 변천을 살펴보고자 한다. 역시 동일하게 시기는 임오군란·갑신정변기에 한정하고 '주어'를 특정하여 검토하였다.

청일협조론에서 대청 개전론으로 – 아오키 슈조

먼저 주 독일 공사 아오키 슈조[15]의 이 시기 대외론 변화를 검토해 보자. 사료는 갑신정변으로 청일간 대립이 높아져 이를 타개하기 위해 이토 히로부미가 전권공사全權公使로 톈진에 도착하기 이틀 전인 1885년 3월 12일자 이노우에 가오루 외무대신 앞으로 보낸 아오키 슈조의 서한이다. 때문에 이 사료는 본장에서 분석하는 임오군란·갑신정변 시기 중 가장 최종 단계의 것인데 아오키는 이 장문의 서한에서 임오군란 이래 자기주장이 어떻게 변해왔는가를 하나하나 논거를 들어가며 상세히 설명한다.[16]

기술 순서는 반대가 되지만 우선 이 서한이 쓰여진 시점의 주장부터 보고자 한다. 아오키는 갑신정변에서 청일 양군의 현

---

[15] 아오키 슈조(青木周藏, 1844~1914)는 조슈번 출신의 정치가, 외교가다. 귀족원 자작(子爵) 의원, 추밀고문관, 제8대·제15대 외무대신을 역임했다.
[16] 국립국회도서관 헌정자료실 소장 「이노우에 가오루 관계문서」 627–23.

● 1.2 '청일협조론'과 '탈아론'

지에서의 소규모 전투를 호기好機로 삼아 대청 개전을 단행하고 조선으로의 진출을 비약적으로 진전시켜야 한다고 주장했다.

> 앞선 지난달 16일부 귀 전신에서는 지나 정부의 항의에 직면해도 영·러·독 정부에 대해 고념顧念[뒷일을 걱정하는 것]이 없다면 프랑스와 동맹조약을 체결해 반드시 간과干戈[전쟁]에 의해 보상Satisfaction17)을 받고 또한 이 기회를 이용해 우리의 국위를 아시아 대륙에 황장皇張[크게 주장함]해야 할 것이라는 내의內意를 드러내셨으므로 종전 경솔한 전투를 몹시 싫어하는 소생도 귀형의 기회를 포착한 원대한 계책이 있음을 살펴 알고 흔연히 높은 가르침을 받아 유럽 각국 간의 관계, 특히 영국이 좌절한 상황 및 현재에 있어서는 그 위세를 동양에 펼칠 수 없다는 등의 이유도 대략 지난 달 11일자 전신으로 알려드린 바, 26일과 27일의 훈령에 비추어 보면 도저히 지나와의 개전은 불가하다는 묘의廟議가 결정된 것으로 추정됩니다. 이는 확실히 결정된 바입니까?Is that also your convinced decision? 믿을 수 없습니다!I scarcely belive it!.

주지하듯 갑신정변에 관한 일본과 조선의 교섭은 1885년 1월「한성조약」에서 조선 측의 사죄·배상으로 일단락되고 남은 것은 현지에서 소규모 전투에 이르렀던 청일간 교섭뿐이었다. 이노우에 가오루 외무대신은 2월 25일에 이토 특파 대사에게 훈령을 보내 '이 사변은 저 나라 정부의 고의로 발생하지 않

---

17) 아오키 슈조는 서한에서 곧잘 영어를 섞어 사용했다. 원서는 이를 따로 번역하지 않고 사료 그대로 영어만을 표기했으나 본서에서는 그 부분까지도 번역했다.

제1장 임오군란·갑신정변 시기의 대외론

앉음'을 강조해 무리한 요구를 하지 않고 사태를 종결할 것을 요구했다. 아오키는 이같은 정부 방침에 반대하며 믿을 수 없다 I scarcely belive it 고 기술했던 것이다.

그러나 갑신정변 시기 이같이 강경한 대청국 결전론을 주창한 아오키 슈조도 임오군란 전후에는 "시기時機를 만나지 않고 지나와 갈등을 열 수 없다. 마땅히 지나와 교린·우호를 맺어야 한다"라는 의견을 주장했다고 한다. 아오키는 이 의견을 "1883년 3월 11일자로 보낸 서한 중에 기재했다"고 이 서한에서 말하고 있다. 이 1883년 3월 11일자 이노우에 가오루 앞 아오키 서한은 『일본외교문서』나 「이노우에 가오루 관계문서」에서 찾을 수 없지만 아오키는 자서전에서도 "일본은 청국과 공수 동맹 조약을 체결해 양국의 병력으로 동아 공동의 적인 러시아를 압박하고 동아에서 구축驅逐함이 가장 시의 적절한 정책이라 생각"해 그 상세함을 "사신私信으로 기록해 1883년 중 이노우에 가오루 외무대신에게 건언建言했다"고 쓰고 있다.[18]

이상으로 명확하듯 아오키는 1883년 3월 경까지는 이른바 '청일협조론'의 입장에 서 있었다. 그리고 이 아오키가 약 2년 후인 1885년 3월에는 이미 기술한 것처럼 가장 강경한 대청 개전론을 주창하고 있다. 만일 우리가 아오키의 이 같은 전환 과정을 논리적으로 밝힐 수 있다면 후쿠자와의 경우와는 다른 '청일협조론'의 구조와 그 전환의 일례를 알 수 있을 것이다.

---

18) 사카네 요시히사(坂根義久) 교주 『아오키 슈조 자전(靑木周藏自傳)』 平凡社, 1970, p.98.

● 1.2 '청일협조론'과 '탈아론'

'아시아는 아시아인의 아시아다'

이와 관련해 우선 주목할 만한 점은 아오키의 '청일협조론'은 장래 타이완·조선 영유를 동시에 목표로 했다는 것이다. 그는 이 서한에서 "우리가 타이완을 차지하고臺灣 should be taken, 조선을 최소한 점령해야 한다朝鮮 must be at least occupied by us 등의 비견鄙見은 1883년 3월 11일부 사신私信, 1884년 9월 12일부 기밀공신機密公信 및 지난 달(1885년 2월) 20일부 내신內信 등으로 누차 말씀드린 바 있으므로 더 이상 요령에 관해 별도로 말씀드릴 조항은 없습니다"고 하였다. 그러나 이미 서술한 것처럼 아오키는 동일한 1883년 3월 11일부 사신에서 '시기時機를 만나지 않고 지나와 갈등을 열 수 없다. 마땅히 지나와 교린·우호를 맺어야 한다'고도 논하고 있다. 일본의 타이완·조선 영유와 청일 양국의 '교린·우호'가 양립하기 어려운 대외정책임은 본서에서 지금까지 반복해 지적해 온 대로다. 아오키는 이를 어떻게 양립시켰던 것일까.

이 점에 관한 해답은 앞서도 조금 언급한 그의 대러 경계론 가운데 찾을 수 있다. 그는 이 서한에서 조선 영유에 관해 다음과 같이 기록하고 있다. 즉 "다만 작년과 올해도 상신한 대로 해당 국[조선]은 반드시 우리 소유로 삼고자 하는 바, 우리가 이를 영략領略할 수 있을 때까지는 어떠한 수단을 빌려서라도 반드시 러시아의 소유로 돌아가지 않도록 계획해야 합니다. 그리고 그 방법은 다른 아닌 1882년 11월 1일부로 보내드린 내용대로입니다" 라 하였다.

이로써 분명하듯 아오키는 일본의 조선 영유에서 최대 위협을 러시아라 생각하고 이를 막기 위한 '수단'으로 당분간 '청일협조'가 필요하다 논했던 것이다. 그리고 이같은 극히 '힘의 논리' 관점에 선 아오키의 조선 영유·대러 경계·청일협조라는 대외론도 그의 『자전』에서는 "아시아는 아시아인의 아시아이다. 때문에 유럽인이라 자칭하는 러시아인은 아시아의 영역 안으로 침입할 권리를 갖지 않는다. … 일본은 청국과 공수동맹 조약을 체결해 양국의 병력으로 동아 공동의 적인 러시아를 압박하고 이를 동아에서 구축驅逐함은 가장 시의 적절한 정책이라 생각했다"(『아오키 슈조 자전』 p.98)라는 묘사도 가능했던 것이다.

일본의 조선 영유를 목표로 삼고 그 최대의 장애를 러시아의 남하라 생각할 때 당장의 청일간 갈등을 피해야 한다는 극히 냉철한 계산에 기반한 대외론이 '아시아는 아시아인의 아시아다'라는 아시아주의적 문맥에서 이야기되었던 것이 아오키 '청일협조론'의 특징이었다.

이와쿠라 도모미의 '청일협조론'

그런데 이같은 '청일협조론'의 특징은 아오키에게만 한정된 것일까. 이 시기 '청일협조론'이 논해질 때 반드시라고 해도 좋을 만큼 거듭 인용되는 우대신右大臣 이와쿠라 도모미의 '청일협조론'에 대해서도 동일하게 말할 수 있지 않을까. 이와쿠라는 1882년 10월에 산조 사네토미 태정대신에게 제출한 의견서에

1.2 '청일협조론'과 '탈아론'

서 다음과 같이 말하였다.

> 청국의 쇠퇴는 매우 심하지만 땅이 넓고 재화가 많기에 향후 진보의 전망이 있는 나라입니다. 오늘 아시아 나라들 가운데 겨우 그 독립의 권리를 온전히 하고 있는 것은 오직 우리와 청국뿐입니다. 만일 입술과 이처럼 서로 기대어 독립의 제방을 견고히 하지 않는다면 서래西來의 광란狂瀾을 영원히 막기 어려울 것입니다. 그런데 사소한 조선을 위해 청일간 쟁단을 열어서는 우리에게도 이익이 되는 바 없고 … (『일본외교문서』 제15권, pp.253-254)

이 부분만을 읽으면 이와쿠라는 '서래의 광란', 즉 서양 선진국의 동아시아 진출에 대해 청일 양국은 서로 제휴해야 하며 이를 위해서는 일본도 조선 진출을 억제해야 한다라는 '청일협조론'의 전형이라 할 수 있으리라. 이미 본장의 시작 부분에서 검토한 것처럼 조선 개조=간섭정책이냐, 청일협조정책인가의 정책 대립은 임오군란 직후 메이지 정부 내부에 존재했다.

그러나 이 정책 대립이 문제가 된 구체적 상황을 고려해보면 이와쿠라의 '청일협조론'이 아오키의 조선 점령론을 포함한 '청일협조론'과 이질적인 것이라고는 단정할 수 없다. 왜냐하면 이와쿠라 의견서는 조선수신사 박영효 김옥균 등의 친일파 수행원과 함께 일본으로 와서 이노우에 외무대신 등에게 조선내 친일파에 대한 일본의 원조를 의뢰했던 것을 둘러싸고 쓰여진 것이기 때문이다(「이토 히로부미 관계문서」 제1권, p.179). 이와쿠라는 앞선 의견서와 별도로 이같은 조선 친일파의 의뢰에 일본이 응한다면 자연히 청국도 "조선 내정에 간섭"을 강화해 마침내 청일 양국이 "조만간 간과干戈에 호소함을 피할 수 없는" 사태가 될 것이라 논하고 있다. 요컨대 이와쿠라 의견서는 김옥균 등의 원조 의뢰라는 구체적 문제를 둘러싸고 쓰여진 '청일협조론'으로 이와쿠라가 일본의 조선 진출이나 대청 대결을 장래 문제로도 부정했던 것은 아니다.

사실 이와쿠라는 이 의견서로부터 약 한 달 후인 1882년 11월 19일 의견서에서 청국 군사력의 근대화·강대화를 지적하며 "지나의 최근 상황을 살피건대 더욱 잠이 오지않는 것이다"라고 대청 군비확장의 필요를 호소하고 있다(이와쿠라공 구적보존회 편『이와쿠라공 실기』제3권, pp.940-942). 물론 이와쿠라에 관해서는 이후의 대외론 변천을 알 수 있는 적당한 사료가 없기에 확언할 수 없지만 그의 '청일협조론'은 아오키의 그것과 큰 차이가 없을 것이다.

아오키 슈조의 대러 경계 소멸

이를 차치하고 조선 점령·대러 경계·청일협조를 주장한 아오키가 조선 점령·대청 개전론으로 전환한 이유는 무엇이었을까. 아오키는 그 전환을 다음과 같이 설명한다.

> 그 후 안남 사건에 뒤이어 청불 갈등이 일어나 아시아의 형세는 순식간에 일변했고 이에 더하여 구주 각국, 특히 영·불·독·러뿐 아니라 이탈리아·스페인·포르투갈 등도 모험적 이익 추구뿐 아니라 더욱더 유럽문명의 확

장the extension of European culture … 을 실행하고 따라서 작년 이래 사대주四大洲 전역에서 대변동이 발견되므로 이 때에 일본 사람들이 깊이 사방 이웃나라의 거동에 주의해 반드시 종전에 유지했던 억제된 대외 정략의 방향을 변환해 임기臨機 계획하는 것이 만만萬萬 간요하리라 생각합니다.

아오키 서한의 이 구절은 이미 본 후쿠자와 유키치, 이토 히로부미, 이와쿠라 도모미 등이 강조하는 유럽의 식민지 획득 경쟁의 재개와 아시아로의 파급이라는 신정세를 가장 구체적으로 위치지은 것이다. 1883년 1월에는 영국이 이집트에서의 지배권을 확립하고 같은 해 8월에는 프랑스가 안남과의 사이에 「1차 후에조약」을 체결했으며 1884년 4월에는 독일이 서남아프리카를 점령하는 등 동아시아·중동·아프리카에서의 영·불·독 식민지 획득경쟁의 개시로 아오키는 일본의 대청 정책을 전환할 때임을 주장했던 것이다.

그러나 이것이 곧바로 기존의 통설인 제국주의 시대의 개막에 따라 동맹국 청국의 개명을 기다릴 틈이 없어져 '청일협조론'에서 '탈아론'으로 전환했다는 설명을 뒷받침한다고는 생각할 수 없다. 왜냐하면 첫째로 아오키 자신이 확실하게 일본의 동아시아 정책에 직접 관련이 된 '청불 갈등'과 그 배후에 있는 '사대주 전역'에서의 '대변동'을 나누어 설명하고 있기 때문이다. 다시 말하면 아오키는 일본의 동아시아 정책에 직접 관계하는 것과 그 동아시아 정책의 변경을 정당화할 수 있는 세계적 경향을 구별했던 것으로 보인다.

제1장 임오군란·갑신정변 시기의 대외론

이같이 두 가지를 구별해야 비로소 우리는 앞서 제기한 의문, 즉 영국이 이집트를 점령하고자 하든 독일이 아프리카를 점령하고자 하든, 그에 따라 청국이나 일본의 독립이 위협받을 리 없으나 그같은 '서래의 광란'이나 '서양 각국이 위세로 동양을 압박'한다는 상태에 대비해야 한다는 논리로 이와쿠라는 '청일협조론'을 후쿠자와는 '아시아 개조론'을 주창했던 것은 아닐까라는 의문에 해답을 찾을 수 있는 것이다. 아오키는 자신의 동아시아 정책의 전환 필요를 '청불 갈등'의 전면화 속에서 찾았고 이에 기반해 새롭게 주창하고자 하는 정책의 정당성을 '사대주'의 '대변동' 속에서 찾았던 것이다.

이와 밀접히 관련해 청불 대립의 격화와 제국주의 시대의 개막을 아오키는 결코 곤란한 것으로 받아들이지 않았고 오히려 그의 대러 경계·청일협조론의 목적이었던 조선 점령의 실현에 둘도 없는 호기로 이해했던 점을 생각해야 한다. 아오키는 청불 대립의 격화라는 상황 변화를 앞두고 다음과 같이 기록하였다.

> 그러할 때에는 순치적 [관계에 있는] 청국을 구원해 프랑스로 하여금 안남에 준순逡巡케 하는 것 또한 하나의 방책이 될 것이지만 이는 지금으로는 이루어지기 어려움은 물론입니다. 게다가 지나를 편들어 그 진부·고루주의固陋主義를 보호하는 것은 일본 사람의 성의誠意도 아니며, 필경 거동을 시도한다면 그 취지는 생존경쟁 struggle for purpose of existence 에 기인하며 우리 자신의 이익 our own interests 을 확장하고 지키는데 그쳐야 합니다. 그

> 러므로 설령 현재 사대주四大洲에서 보이는 변동, 특히 구주 대국 간에 뒤얽힌 정치적 국면$^{\text{political conjunctures}}$을 이용해 조선 주재 청국 병사의 폭동을 억누르고 받아들일 수 없는 요구$^{\text{unacceptable demands}}$를 제출해 북경 정부를 압박하고 마침내 자유 행동$^{\text{free actions}}$을 하는 편이 득책일 것입니다.

여기에서는 청불 대립을 동아시아의 위기로 파악하는 자세가 전혀 보이지 않는다. 보이는 것은 유럽 각국의 신식민지 정책으로의 전환을 일본의 조선 진출을 정당화하는 절호의 기회로 파악하는 사고방식이다.

그런데 아오키에게 '사대주'의 '대변동'이 일본의 조선 점령의 구실이라는 관점만으로 파악되었다고 한다면 무엇을 위해 아오키는 '구실'을 그정도로까지 필요로 했던 것일까. 이 문제는 아오키의 대외론 전환에 관해 또 한가지 남겨진 문제와도 관련되어 있다. 즉 그가 임오군란 시기에 그만큼이나 경계했던 러시아의 조선 점령 위기라는 계기는 어디로 가버린 것인가라는 문제이다. 아오키는 그의 '청일협조론'을 전환할 때에 이미 서술한 것처럼 영·불·독·러·이탈리아·스페인·포르투갈 서양 각국의 식민지 획득경쟁 일반에 관해 논하고 그 가운데 특히 프랑스의 안남 점령에 관해서 강조하고 있지만 러시아에 관해서는 특별한 강조를 하고 있지 않다. 어째서 러시아에 대한 경계가 급속히 약해진 것일까.

아오키가 서양 각국의 식민지 획득 경쟁을 조선 점령의 '구

제1장 임오군란·갑신정변 시기의 대외론

실'이 만들어진 것으로 오히려 환영하고 또한 그 가운데 대러 경계론을 특히 강조하지 않았다는 점에서 우리는 다음과 같은 가설을 세울 수 있을 것이다. 즉 아오키가 '청일협조론'을 주창한 때에 대러 경계를 특히 강조했던 것은 러시아가 조선을 점령하는 것을 두려워한 것이 아니라 일본의 조선 점령이 러시아에 의한 간섭을 부르는 것을 경계한 것이라는 가설이다.

이 가설에 서면 안남사변 이전 단계에서 일본의 조선 점령은 청일간 동의에 의해서만 실현 가능한 것이 된다. 설령 청국을 무력으로 압도해 조선에 대한 일본의 지배권을 확립했다고 해도 그 경우에는 청국의 요청을 명분으로 한 러시아의 개입을 피할 수 없을 것이기에 당면한 조선 문제에서의 무리한 행동은 불가능하다라고 아오키는 판단했던 것이다. 러시아의 조선 문제 개입을 저지할 구실이 없기 때문이다. 이것이 아오키의 '청일협조론'이 가진 의미였던 것이다.

이같은 가설은 10년 후 청일전쟁 종료를 맞이해 러시아를 중심으로 한 삼국간섭과 일본의 양보 및 청일전쟁 종료로부터 러일전쟁에 이르는 시기의 조선 지배를 둘러싼 러일 간의 알력을 생각하면 충분히 성립 가능성이 있는 것이라 생각한다.

그럼에도 전술한 것처럼 1883년 후반부터 1884년에 걸친 세계적 식민지 획득 경쟁의 격화를 본 아오키는 이같은 정세 하에서는 일본의 조선 영유에 대해 러시아도 개입할 구실이 없다고 판단해 때마침 일어난 갑신정변을 둘러싼 청일 대립을 이용해 일거에 조선 영유를 실현할 것을 주장하기 시작했던 것이다.

아오키 슈조와 후쿠자와 유키치의 공통점과 차이점

이같은 아오키 슈조의 '청일협조론'에서 '탈아론'으로의 전환 논리와 앞절에서 검토한 후쿠자와 유키치의 그것을 비교할 때에 다음과 같은 공통점과 차이점을 확인할 수 있을 것이다.

첫째, 후쿠자와도 아오키도 조선의 영유나 지배를 목표로 했다는 점에서는 공통된다. 둘째, 양자 모두 조선 영유나 보호국화에는 서양 열강들을 납득시킬 수 있는 정당성이 필요하다고 생각하고 그것 없이 일본의 조선 진출은 실현 불가능하다고 생각한 점에서도 공통된다.

그러나 셋째, 그 정당성을 무엇에서 찾고 있는가에 관해서는 양자의 견해가 달랐다. 후쿠자와는 조선 국내에 일본의 근대화방식을 좇고자 하는 세력이 있다는 것과 일본은 청국과 비교해 훨씬 조선에 서양 문명을 수출할 자격이 있음을 강조했다. 후쿠자와의 '조선 개조론'에서 러시아에 관한 언급이 거의 없음은 당시 조선 국내의 유력한 정치세력에 대해 영향력을 가지고 있던 나라는 청국과 일본뿐이었다는 것과 관련되어 있다. 일본이 청국의 영향력을 배제하는데 성공한다면 친일파 정권이 지배하는 '독립국' 조선이 아무리 일본에 정치적·군사적·경제적 원조를 구하고자 해도 러시아가 개입할 여지는 없기 때문이다.

반대로 이같은 친일파 육성을 전혀 고려하지 않은 아오키

제1장 임오군란·갑신정변 시기의 대외론

슈조에게 일본의 조선 진출은 영·불·독·러 등 서양 선진국들이 마찬가지의 일을 각자 행하기 시작했을 때에만 정당화될 수 있다. 그같은 경우에는 일본의 조선 진출에 대한 러시아의 개입은 국제적 고립을 불러오기에 곤란하리라고 아오키는 판단한 것이다. 그리고 아오키는 그같은 세계적 정세가 태어날 때까지 조선 문제는 현상유지가 최적이라 판단하고 '청일협조론'을 강하게 주장했던 것이다.

『자유신문』의 조선 독립론

다음으로 우리는 메이지 정부 인물인 아오키 슈조의 관점 전환과 비교하기 위해 재야의 자유당 기관신문인 『자유신문』의 '청일협조론'에서 '탈아론'으로의 전환 과정을 검토하고자 한다.

다만 자유당은 임오군란 발발 후 곧 당수黨首 이타가키[19]의 외유外遊 문제를 둘러싸고 당내 분열이 발생, 바바 다쓰이,[20]

---

19) 이타가키 다이스케(板垣退助, 1837~1919)로 도사번 출신의 정치가·군인이다. 정한론 정변으로 하야한 뒤 '민선의원설립건백서'를 제출하며 일약 자유민권운동의 중심인물이 되었으며 1881년 결성된 자유당의 당수였다. 1882년에 유럽으로 외유를 떠나는데 외유 비용 출처를 둘러싸고 문제가 제기되어 자유당 안팎의 거센 비판을 받게 된다.
20) 바바 다쓰이(馬場辰猪, 1850~1888)는 도사번 출신의 사상가·언론인·자유민권운동가이다. 영국 유학 이후 『조야신문(朝野新聞)』, 『자유신문』 등을 통해 일본에 자유민권운동을 널리 알리는데 힘썼으며 공존동중(共存同衆), 고준샤(交詢社) 등의 정치 결사에 참여했다.

스에히로 시게야스,[21] 다구치 우키치[22] 등 유력한 논객이 탈당하며 반反 정부 성향이 급속히 후퇴한다. 때문에 『자유신문』의 대외론을 곧바로 당시 자유민권파의 입장을 대표하는 것이라 할 수는 없다. 그러나 동시에 이 시기 자유당은 조선·중국 문제에 관해 상당히 강한 관심을 가지고 있으며 때문에 동아시아 정세 변화와 대외론 변천과의 상호 관계를 아는 데에는 후쿠자와의 『시사신보』와 마찬가지로 적절한 소재라 생각된다.

1882년 7월 임오군란 직후 『자유신문』의 주장은 이 사건을 기회로 무리하게 조선에 진출하여 청국과 러시아의 개입을 부르는 일을 피하라는 것이었다. 즉 "조선의 연약함은 우리 육군 편대를 나누어 이를 두셋의 군함에 태워 곧바로 근거지로 돌입한다면 틀림없이 그 국명을 세계 지도에서 말소시켜 버리는 일 또한 용이할 정도다. 그러나 이 일은 결국 일본에 이익이 있는가를 숙려하지 않으면 안된다. 조선을 얻기 쉬워도 조선을 다스리기 쉬울까. 조선을 다스리기 쉬워도 지나·러시아의 간섭을 막기 쉬울까"(1882년 8월 2일 「조선의 변보變報」)라 한 것이다. 1894~1895년의 청일전쟁, 1904~1905년의 러일전쟁이라는 메이지 시대의 두 대전을 거쳐서야 비로소 '지나·러시아의 간섭을 막'고 조선을 일본의 식민지로 만들 수 있었던

---

21) 스에히로 시게야스(末廣重恭, 1849~1896)는 메이지 시대의 신문기자·정치가·소설가다. 자유당 결성에 참여했으며 국회개설 이후 중의원 의원을 두 차례 역임했다.

22) 다구치 우키치(田口卯吉, 1855~1905)는 경제학자·역사가·정치가다. 『일본개화소사(日本開化小史)』(1877)를 통해 문명사론을 전개했으며 『도쿄경제잡지(東京經濟雜誌)』를 창간했다. 중의원 의원.

제1장 임오군란·갑신정변 시기의 대외론

역사를 알고 있는 우리들에게는 이 임오군란 발발 직후 시점에 나온 『자유신문』의 주장은 극히 냉정하고 또한 핵심을 찌르는 주장으로 보인다.

『자유신문』은 조선 문제에 관한 이같은 현상유지론적 주장을 '조선독립론'이라는 형태로 제출했다. 즉 이 신문은 1882년 9월 13일 「대륙의 관계」라는 사설에서 다음과 같이 논하고 있다.

> 조선의 영토가 현 상황에서 독력獨力으로 자립하기에 충분하다 볼 수 없다. 그리고 일본이 이를 획득해도 이익이 그 비용을 당할 수 없고 청국이 이를 얻어도 이익으로 손해를 보전할 수 없을 것이다. 그렇다고 이를 방치하면 마침내 러시아의 소유가 될 것임을 우려한다. 때문에 금일의 계획으로 일본 정부는 상세히 청국에게 그 이해利害를 이야기하고 조선을 독립국으로 인정해 구미 각국과 통상 화친 조약을 체결하게 해 연합국의 힘으로 러시아의 남하에 대비하고 그 기세를 제지할 수단을 취해야 할 것이다.

여기서 『자유신문』이 주장하고 있는 '조선독립론'은 러시아 및 청국의 조선 진출을 억제할 수 있는 정책이긴 하나 동시에 일본의 조선 진출에도 제한을 가하는 것이었다. 아오키 슈조는 앞서 인용한 서한에서 "일본이 해당국과 우교友交 및 통상조약을 체결해 일단 이를 독립시키고 미·영·독 등도 또한 지나의 간섭을 용인치 않고 한국과 결약結約함에 이르러서는 1882년의 변을 만나도 감히 이를 영략領略할 형편이 되기 어려운 형

세입니다"라 하였다. 다시 말하자면『자유신문』은 임오군란 이전에 메이지 정부가 취해 온, 현재 그 불편을 감지하고 있는 정책을 임오군란 이후에도 유지하기를 요구하고 있는 것이다.

다만『자유신문』도 조선 문제를 둘러싼 청일 양국의 이해대립을 완전히 고려하지 않았던 것은 아니다. 러시아의 조선 진출 위험을 강조한 이 사설에서도 조선 문제를 둘러싼 최대 경쟁 상대가 장래 러시아에서 청국으로 이동할 가능성도 지적되고 있다. 즉 "청국이 조선을 빼앗고자 함은 러시아의 점유에 비하면 다소 두려워할 만한 것은 아니라 해도 다만 우리가 주의해야 하는 바는 무릇 이같은 사건이 발생한 후 우리 거류지 인민의 마음을 평안케 할 수 있는가 여부, 우리 통상의 이익이 크게 청국 상인으로 인해 빼앗기는가의 여부, 그리고 만일 북변北邊에서 사단이 일어나기에 이르러 청국 정부는 독력으로 능히 러시아 남하의 형세를 막고 이를 보지保持할 힘을 가지고 있느냐 여부에 있다"고 한 것이다.

특히 흥미 깊은 것은 이 마지막 구절에 이어지는 다음 구절이다. 즉 "만일 청국이 독력으로 러시아 남하의 형세에 대항할 수 있다면 이 때의 청국이 또한 일본에게 가장 두려워할 적국이며 청이 조선을 점유함은 일본에게 해가 되어 참으로 러시아가 이를 점유하는 것과 동일할 것이다. 때문에 일본의 이익은 항상 조선으로 하여금 독립을 보유케 함에 있다. … 일본이 청국의 이같은 거동에 어떠한 열의로 대항해야 하는가는 모름지기 청국 정부가 어떠한 열의로 이를 점유하고자 하느냐에 달렸다"라 하였다.

요컨대 『자유신문』의 청일협조론·조선 독립론은 첫째로 러시아의 남하 위협을 전제로, 둘째로 청국이 강국화되지 않고 조선 점유를 꾀하지 않는다는 전제로 세워진 것이다. 다시 말하면 조선 점유를 꾀하지 않는 약국弱國 청국과 제휴해 러시아의 조선 진출을 저지하고자 한 것이었다. 이 점에서 『자유신문』의 주장은 앞서 본 아오키 슈조의 "우리가 이를 영략할 수 있을 때까지는 어떠한 수단을 빌려서라도 반드시 러시아의 소유로 돌아가지 않도록"이라는 관점에서 이루어진 청일협조론과 극히 유사했다.

『자유신문』의 청국 인식 변화

아오키 슈조의 경우와 마찬가지로 『자유신문』의 청일협조론은 청불간 안남을 둘러싼 갈등이 시작된 1883년 초까지 유지되었다. 가령 1883년 2월 4일자 사설에서 청국을 가상적국으로 한 정부의 군비확장 정책을 비판해 "청국과 무武를 다투고자 하여 육해군 확장을 서두르는 일은 우리가 동조할 수 없을 뿐"이라 단언하고 있다.

그러나 대청국 군비확장에 반대하는 이 사설의 논거를 보면 청국의 역량에 대한 평가에 커다란 변화가 확인된다. 즉, 이 사설은 대청국 군비확장에 반대하는 이유로 "청국은 토지가 광대하고 인민은 많으며 물산은 풍부하고 재화도 양호해 구미의 유수한 나라라 해도 또한 이를 바라보고 경외하는 바이다.

1.2 '청일협조론'과 '탈아론'

… 그렇다면 설령 우리 정부가 1천만엔의 세입을 늘려 일년에 견고 웅대한 군함 두 척을 만든다고 하면 청국 또한 반드시 적어도 그 곱절의 세입을 사용해 해마다 3, 4척 혹은 5, 6척의 군함을 만들 것이다. … 이에 따라 말하자면 청국과 전쟁을 벌임은 실로 우리 육해군의 준비가 끝내 미치지 못할 위험이 있을 뿐 아니라 거의 불가능하다 단언할 수밖에 없다"라는 점을 강조하고 있다. 1882년 9월 청일협조론이 조선 문제에서 두려워할 것은 러시아이며 청국은 그렇게 두려워할 필요는 없다라는 인식에 선 것에 비해 1883년 2월 청일협조론은 청국은 경제력에서도 군사력에서도 일본보다 뛰어나다는 인식에 선 협조론으로 바뀐 것이다.

이같이 강대국 청국이라는 인식 위에 청국이 조선 점유를 꾀한다는 인식이 더해지면 1882년 9월 주장의 당연한 귀결로 청일협조론은 포기될 수밖에 없다. 왜냐하면 앞서 설명한 것처럼 1882년 9월 청일협조론에서도 "만일 청국이 독력으로 러시아 남하의 형세에 대항할 수 있다면 이는 청국이 또한 일본에게 가장 두려워할 적국이며 청이 조선을 점유함은 우리에게 해가 되어 참으로 러시아가 이를 점유하는 것과 동일할 것이다"라고 생각했기 때문이다.

1883년 초부터 시작된 안남을 둘러싼 청불간 소규모 충돌과 교섭, 개전 준비의 반복 속에서『자유신문』은 청국에게 조선 점유의 의지가 있다고 판단하기 시작했다. 왜냐하면 안남을 둘러싼 청불 분쟁은 청국의 안남에 대한 종주권 문제를 둘러싼

제1장 임오군란·갑신정변 시기의 대외론

것이고 이는 바로 청일간의 조선이 독립국인가 청국의 속국인가라는 대립과 동일한 것이라 생각되었기 때문이다. 그리고 청국이 속국에 대한 종주권을 지키기 위해서 서양 강국 프랑스와의 일전도 사양치 않는 태도를 보였으니 당연히 청국은 조선 문제를 둘러싸고 프랑스보다 약국인 일본과의 대결을 피할 리 없으리라 생각한 것이다.

즉 1883년 6월에는 "청국이 만일이라도 프랑스 군대를 격파하고 능히 안남의 속방됨을 온전하게 할 수 있다면 반드시 그 승기를 타고 위세를 보일 것이다"고 논하고 또한 같은해 11월에는 "청국은 지금 실로 프랑스와 안남의 주권을 다투는 상황이므로 어쨌든 분란이 수습되기까지는 … 구태여 동향東向할 틈은 없을 것이나 일단 안남 사건이 수습되면 일본인은 청일관계가 곧 긴박해질 때라고 각오해야 한다"고 논한 것이다.

이같이 안남 사건을 경계로 한 『자유신문』의 청일협조론 포기에 동반해 조선 문제에서 러시아의 위협은 강조되지 않게 된다. 1884년 4월 16일자 사설에서는 "러시아가 조선에 대해 품은 야망이 매우 두려워할 만한 것임에도 불구하고 아직까지 조선과 교통한 일이 없다.[23] 또한 어떠한 담판도 듣지 못했다. 이에 반해 지나는 앞서 종종 일본에 대해 조선국의 일은 중국이 관여하는 바가 아니라 공언하면서도 앞서 흉포한 한인이 일본공사관을 습격한 이래 항상 병사를 한성에 주둔시키고 지키며 또한 몰래 그 관인으로 하여금 조선의 정무에 간섭하게 한다"

---

[23] 조선과 러시아와의 통상조약은 1884년 7월 7일 체결되었다.

고 논하였다. 1882년 9월 단계의 주장과 비교하면 일본이 느낀 러시아와 청국의 위협도가 완전히 뒤집힌 것을 알 수 있다.

이같은 가운데 『자유신문』의 일관된 주장인 '조선 독립론'도 점차 변화해 갔다. 1884년 4월 「조선에 대한 정략을 논하다」라는 제목의 연속 사설에서 우리는 이 미묘한 변화를 엿볼 수 있을 것이다. 이 사설에서 『자유신문』은 종래의 주장을 고수해 "한편에서는 조선을 독립국으로 하는 긴요함을 설說하고 다른 한편에서는 일본으로 하여금 그 정무에 관여하게 하니, 즉 실제상 대우가 독립국이 아니므로 이른바 자가당착 또한 매우 심한 것이다"라고 '조선 개조론'을 비판하고 있다.

그러나 같은 사설에서 '청일협조론'도 동시에 비판하고 있다. 즉 "논자들이 말하는 것과 같이 동양정략상에서 일본은 한국과 지친至親의 교정交情을 통할 뿐 아니라 또한 청국과 그 우의를 잃지 않는 것도 중요함은 물론이다. 그렇지만 단순히 청국과 우의를 잃어서는 안된다고 함을 기조로 삼아 청국이 조선 정무에 간섭해도 관여해서는 안되고 조선 전국을 병탄해도 관여해서는 안된다… 고 하는 것은 말로는 동양정략을 설해도 마음에서는 동양정략이 어떠한 것임을 알지 못하는 것이다. 애초 우리의 이른바 동양정략이란 일본에게 손해이고 동양에 이익인 것을 말함이 아니고 일본에게 이롭고 아울러 동양에도 이익이 되는 정략을 말함이다. 그리고 그 선후본말을 말하자면 일본의 이익은 근본이자 우선이고 동양의 이익은 말단이며 뒤라 말할 수 있다"(1884년 4월 18일)라 한 것이다.

여기서 분명하듯『자유신문』은 아직 공연히 조선간섭론으로는 전환하지 않았지만 종래 청일협조론에 의한 조선 진출 억제에는 더 이상 머물러 있을 수 없게 된 것이라 할 수 있다.

'탈아론'적 청일 대결론으로

요컨대 1883년부터 1884년 5월 청불 화의 성립까지의 일년 이상에 걸친 청불 대립 가운데『자유신문』은 청국의 조선 진출에 대한 경계를 강화하며 청일협조론을 유지하기 어렵다고 느꼈다 할 수 있다. 이같은 경향은 강화조건의 실시를 둘러싼 대립에서부터 청불간 전면전쟁이 개시된 1884년 8월 이후가 되면 한층 명확한 형태를 갖추기 시작한다. 즉 1884년 8월 30일 사설은 일본이 청불 대립에서 오히려 프랑스의 입장을 지지해야 한다며 다음과 같이 '청일협조론'을 비판했다.

> 논자들은 청국이 우리와 동문동종의 나라이기에 정情에서는 반드시 이를 애련愛憐해야 한다고 한다. 이 뜻을 미루어 생각건대 논자들은 프랑스가 우리와 이문이종異文異種의 나라이기에 정에서 이를 애련할 수 없다고 함에 다름 아니다. … 본래 오늘날 문명 세계는 사람이 능히 도리를 알고 또한 능히 이해를 분별할 수 있다고 보고 일본 또한 본래 이 문명 세계 속에 있다. 그런데 도리와 이해利害를 버려 불문에 붙이고 청국은 우리 동문동종의 나라이기에 정에서 애호해야 하고 프랑스는 동문동종의 나라가 아니기에 정에서 애호할 수 없다고 함에 이르러서는 저 야만족이 외국인이기에 주륙해야 하며 습격해야 한다고 하는 것이니 도리상 어찌 선택할 수 있겠는가.

1.2 '청일협조론'과 '탈아론'

이같이 종래 자신이 주창해 온 '청일협조론'을 '탈아론'적 논리에서 부정한 『자유신문』은 이후 4개월 뒤 갑신정변에서 조선 개조·청일 대결의 후쿠자와와 같은 논의를 전개해 간다. 이는 갑신정변 직후인 1884년 12월 18일 「조선 처분」이라는 사설에서 "일본이 이번 조선사변[갑신정변]을 처분하는 요지는 세 가지다. 1 그 국왕이 신용하는 개화당으로 하여금 정권을 장악하게 하는 것, 2 청 관리·청 병사로 하여금 조선 국사에 간여하게 하지 않는 것, 3 일본사람에 대한 폭거에 사죄를 표하게 하는 것이 바로 그것이다"고 논한 것에서 잘 드러난다 하겠다.

그런데 프랑스(=서양)의 청국(=동양) 침략으로 인해 『자유신문』의 논조가 '청일협조론'에서 '청일 대결론'으로 전환된 것은 주목할만하다. 만일 안남사건 이전 『자유신문』의 '청일협조론'이 '아시아 연대'적인 사상이나 가치관에 기반한 것이라면 안남사건·청불전쟁 과정에서 '청일협조론'은 반대로 한층 강화되어야 할 터이다.

사실 메이지 정부의 외교관 가운데에는 가령 다케조에 신이치로 조선 판리공사辨理公使와 같이 "안남사건이 드디어 절박한 형세에 이르렀으므로 저는 일본 정부에 상신하여 우리 파견 병대를 모두 철수해 귀국으로 하여금 후환을 피하게 함에 진력할 내심입니다"라고 청국 외교관에게 이야기하고 그 주지를 태정대신, 육해군 수뇌 및 외무대신에게 건언하기도 했다(1883년 7월 25일, 『일본외교문서』제16권, pp.551-552). 『자유신문』이 안남사건 이후 이같은 논의를 전개하지 않고 역으로 청일

제1장 임오군란·갑신정변 시기의 대외론

대결을 강조한 것은 그 '청일협조론'이 사상이나 가치관 레벨의 문제가 아닌 대외론 문제였기 때문이다.

대외론 레벨의 문제로 생각하면 이미 제1절에서 말한 것처럼 안남사변 이후의 동아시아 정세 변화는 두 종류의 대외 인식과 대외론을 낳을 가능성이 있었다. 첫째는 청불 대립의 격화에 따라 청국 정부는 금후 조선을 둘러싼 대일 정책을 완화해야 할 것이다라는 인식에 기반한 것이며 이 인식에 기반하면 여기에서 본 다케조에와 같이 한층 더 청일협조론을 강조할 가능성도 있었던 것이다. 그러나 『자유신문』은 안남사변에서 프랑스에 대항하는 청국의 완고한 자세가 가까운 장래에 마주할 청국의 조선 정책을 미리 보여준다고 인식했다. 그리고 이 인식에서는 대청 대결이 일본의 조선 정책의 기축이 된다. 일단 이 입장에 서면 청불 전면전쟁에서 청국의 패퇴는 자신의 최대 적이 약체가 된 것으로 파악되며 일본의 조선 진출의 호기로 위치지어지는 것이다.

이같은 관점에 선 『자유신문』이 갑신정변에서 청일 군대의 충돌과 일본 현지군의 철퇴를 보고나서 후쿠자와 유키치에 필적할 만한 격렬한 대청 개전론을 주장하게 된 것은 당연한 이치였다. 『자유신문』의 '청일협조론'에서 '청일 대결론'으로의 전환은 일본의 조선정책에서의 주요한 경쟁 상대가 러시아에서 청국으로 바뀌었다고 인식되었을 때에 일어나기 시작하며 이 새로운 경쟁 상대 청국이 프랑스와의 분쟁에서 후퇴하기 시작했을 때 '청일 대결론'이 '탈아론'적 문맥에서 이야기되기 시작한 것이라 할 수 있다.

『자유신문』과『시사신보』

이상에서 본 바와 같은『자유신문』의 '청일협조론'에서 '탈아론'으로의 전환 과정을 앞절에서 검토한 후쿠자와 유키치의『시사신보』사설에서 보이는 '조선 개조론'에서 '탈아론'으로의 전환 과정과 비교할 때에 다음과 같은 점들을 알 수 있다.

첫째 임오군란 발발 직후 시점에서는『자유신문』의 동아시아 정책은 현상유지론적이었던 것에 비해『시사신보』의 그것은 조선에의 팽창을 목표로 한 것이었다는 점, 둘째 그러나 1883~1884년의 안남사변을 경계로『자유신문』의 중국 인식이 변화하고 동시에 그 대외론도 청일 대결론적이 되어『시사신보』와의 차이가 명확해지지 않게 된 점, 셋째 일단 조선 문제를 둘러싼 중일 관계의 비화해성非和解性을 의식한 이후는『자유신문』에서도 '구미' 선진국의 식민지 획득경쟁의 개시라는 '세계의 대세'는 일본의 독립을 위협하는 것으로 주장되지 않고 역으로 중일 대립을 정당화하는 것으로 강조되기 시작했다는 점 등이다.

당초에는 현상유지와 팽창이라는 서로 대립하는 대외론을 주창해 그 때문에 일본의 군비확장에 대한 태도에서도 상반된 견해를 주창했던 두 신문이 동일한 대외론을 내세워 군비확장 문제에 관한 차이도 없어지게 된 원인은 우선 안남사변에서 프랑스에 대한 중국의 강한 저항에 있었다 할 수 있다. 후쿠자와의 '아시아 개조론'이 성립하지 않게 된 것도『자유신문』이 '청일협조론'을 포기하게 된 것도 모두 중국의 역량에 대한 평가가 높아진 것이 원인이었음은 주목할 만한 사실이다.

제 2 장

청일·러일전쟁에 걸친 대외론

들어가며

서양 열강의 중국 분할에 직면해

동아동문회,[1)]국민동맹회[2)]의 회장으로 메이지 30년대[3)]의 '대외경大外硬' 운동의 중심적 존재였던 공작 고노에 아쓰마로는 1898년 1월 1일호 잡지 『태양』에 「동인종 동맹론, 부附 지나 문제 연구의 필요」라는 제하의 소론을 발표해 다음과 같이 논

---

1) 동아동문회(東亞同文會)는 1898년부터 1946년까지 존속한 민간 외교단체이자 아시아주의 단체다. 동아회, 흥아회 등 기존에 존재하던 여러 아시아주의 단체를 모아 도쿄에서 설립되었고 동아동문서원(상해) 등 중국 각지에 일본인 유학생 및 중국인 학생을 위한 교육기관을 세웠다.
2) 국민동맹회(國民同盟會)는 1900년 9월에 설립된 정치단체로 의화단 운동 발생 이후 러시아의 만주 진출을 경계하며 활발한 대외경 운동을 전개했다. 1902년 4월 해산.
3) 1897~1906년에 해당하는 시기.

제 2 장 청일·러일전쟁에 걸친 대외론

했다.

> 최근 일본인은 전쟁 승리의 위세로 점차 교만한 마음을 늘려 지나인을 경멸하는 일이 더더욱 심대해지고 특히 지나의 각지에 있는 일본인은 흡사 구주인이 지나를 대하는 것과 같은 태도로 지나인을 대우하며 생각하기를 일본은 동양에서 유일한 문명국이고 지나에 앞선 나라라 한다. 무릇 문명의 제도를 펼치고 문명의 교육을 시행함에 일본은 실로 지나보다 앞서있다. 때문에 지나의 문을 열고 여기에 문명을 심는 것은 매우 좋다. 다만 그 선진국이라하여 득의양양 자부하며 지나인을 경멸하거나 죽이고 욕보여 도리어 그 악감을 사는 것은 그저 선진국의 도량에 어긋날 뿐만 아니라 대청 정략의 운위를 방해함이 지대해 그 화를 후래에 남김이 어찌 적지 않겠는가. 지금 내가 이를 보니 동양의 앞날은 마침내 인종경쟁의 무대가 됨을 피할 수 없다. 설령 일시 외교정략에 의해 어떠한 변태變態를 낳는다고 해도 이는 단지 일시적 변태일 뿐이다. 최후의 운명은 황백 두 인종의 경쟁으로 이 경쟁 하에서는 지나인도 일본인도 모두 백인종의 구적仇敵으로 인정될 지위에 설 것이다.[4]

고노에의 이 논설은 전년인 1897년 11월 14일 독일의 교주만膠州灣 점령과 이에 대한 대항 조치를 구실로 이루어진 러시아 함대의 뤼순커우旅順口 정박이라는 서양 열강의 중국 분할 개시를 목격해 쓰여진 것이었다. '구미'의 '아시아' 침략에 대항하기

---

4) 고노에 아쓰마로 일기 간행회편『고노에 아쓰마로 일기』별권(부속문서) 鹿島研究所出版會, 1969, p.62.

위해 중일 양국은 유대를 강화해야 한다는 주장으로 메이지 30년대의 전형적인 '아시아 연대론'이라 하겠다.

고노에의 이 논설이 발표되고 약 1개월 후에 구가 가쓰난[5]의 『일본신문』도 서양 열강에 의한 중국 분할 개시를 '아시아' 침략의 개시로 파악해 다음과 같이 논하고 있다.

> 금일 구주 열국이 그 이외의 땅을 향해 침략적 수심獸心을 쓰고자 한다면 지나·조선 및 일본이 희생될 것이다. 구인歐人의 이른바 20세기는 동양의 이 몇 나라에 수력獸力을 쓰는 시대인가. 20세기란 금세기보다도 수력의 진보를 재촉할 사명을 가졌는가. … 지금 3국(러·독·불) 가운데 하나인 독일은 감히 명백히 동양 침략을 성명하고 있다. 심지어 동양국인은 이를 의심치 않고 도리어 저들 수력의 진보를 칭탄稱歎해 후진後塵을 좇고자 하는 듯하다. 지나·조선의 경우는 물을 필요도 없고 동양의 문명국으로 자임하는 일본인 또한 수력의 시대가 오는 것을 환영하고 있음이랴. 문명이란 수력 외에 도리의 싸움을 인정하지 않는 것인가. 우리는 동양 문명국으로 이를 부끄러이 여긴다.(1898년 2월 5일호 사설, 강조는 인용자.)[6]

구가 가쓰난이 이 사설에서 '동양의 문명국으로 자임하는

---

[5] 구가 가쓰난(陸羯南, 1857~1907)은 메이지 시기의 언론인·정치평론가다. 본명은 미노루(實). 국가주의적 사고를 가진 것으로 평가되며 1889년 『일본신문(日本新聞)』을 창간해 주필 겸 사장으로 활동한 메이지 언론계의 중심 인물 가운데 한명이다.

[6] 니시다 다케토시(西田長壽)·우에테 미치아리(植手通有) 편, 『구가 가쓰난 전집』제6권, みすず書房, 1971, pp.19-20.

제2장 청일·러일전쟁에 걸친 대외론

일본인 또한 수력의 시대가 오는 것을 환영하고 있음이랴'고 비판한 '일본인'이 누구를 가리키는 가는 단정할 수 없다. 그러나 이 사설의 약 20일 전에 후쿠자와 유키치는 "독일의 교주만 점령, 러시아의 뤼순항 차용과 같이 이미 분할의 발단을 열었으니 영국도 프랑스도 금후 점차 착수하게 될 것이다. 그러한 경우에 이르면 일본도 자국 자위를 위해 스스로 기회에 임하여 거동을 해야 한다"고 일본의 중국 분할 참가를 주장하고 나아가 "지나제국에게는 실로 안타까운 사정이지만 문명국은 날로 진전하고 고풍古風의 국가는 절로 무너진다. 이것이야말로 세계의 대세로 어찌할 수 없다"고 『시사신보』 사설에서 논하고 있다(1898년 1월 15일 사설).[7] 구가가 직접 이 후쿠자와의 주장을 비판한 것이라는 증거는 없지만 후쿠자와의 이 주장으로 대표되는 것을 비판하고 '우리는 동양 문명국으로 이를 부끄러이 여긴다'고 한 것은 명백하리라.

반대로 고노에의 '동인종 동맹론'을 직접 비판했다는 증거는 없지만 적어도 그같은 주장에 대한 비판으로 야마가타 아리토모가 1899년 5월에 대장대신과 외무대신 앞으로 보낸 의견서를 들 수 있다. 야마가타는 다음과 같이 논하였다.

> 청국과 일본의 교제가 친밀의 정도를 넘어 구주 열강으로 하여금 이를 구주에 대항하는 청일 회맹이라 하는 혐의를 품게 하는 일이 있다면 결국 인종 다툼이 될 뿐 아니라 목하 헤이그에서 개설된 평화회의에서 일본의

---

7) 『후쿠자와 유키치 전집』 제16권, p.218.

불이익이 되는 결과를 낳을지도 모른다. 설령 일본의 재財·정政·병兵력 세 가지 점에서 허가한다 해도 청국과 제휴해 동양의 독립을 도모한다는 것은 가장 졸책이라 믿는다. 왜냐하면 청국은 앞서 말한 것처럼 유태인종과 같이 인종은 존재해도 오랫동안 일국을 유지할 수는 없음은 이제 식자간의 정론이라 할 만하기 때문이다. 설령 유지할 수 있다해도 현재 판도를 지속할 수 없고 겨우 그 일부만을 유지하고 나머지는 열강이 잠식하는 바가 될 것이다. 동양에서 실로 그 독립을 유지할 수 있음은 오직 일본 제국뿐이므로 구주와 청국에 대한 우리 외교 정책은 신중에 신중을 거듭해 국가의 발걸음에 차질을 빚지 않기를 기해야 한다.[8]

제3장에서 상세히 검토할 것처럼 야마가타는 1914년 1차 대전 발발과 동시에 여기에서 그가 비판하고 있는 것과 같은 '동인종 동맹론'을 주창하지만 이 시점에서는 인종론에 기반한 청일협조론을 강하게 비판하고 있는 것이다.

청일·러일 전간기 대외론의 관점

1898년 초두부터 1899년에 걸친 상기 네 명의 대외론을 비교하면 고노에와 구가가 중국 분할이라는 '세계의 대세'에 대항하는 '아시아 연대론'을 주창하고 있고 야마가타와 후쿠자와가 '세계의 대세'에 순응해 중국 분할에 참가할 것을 주장하고 있다 하겠다.

---

[8] 오야마 아즈사(大山梓) 편, 『야마가타 의견서』原書房, 1966, pp.252-253. 이하 『야마가타 의견서』.

제2장 청일·러일전쟁에 걸친 대외론

 그러나 우리는 이미 제1장에서 '아시아 연대론'과 '탈아론'의 관계는 일반적으로 이야기되는 만큼 단순한 것이 아님을 밝혔다. 어느 경우에는 '아시아 연대론'이 가장 격한 아시아 팽창론이며 또 어느 경우에는 동아시아 현상유지론으로 '아시아 연대론'이 주창되기도 했다. 반대로 '탈아론'적 주장이 조선 진출을 포기하기 위해 제기되는 경우도 있다면 '세계의 대세'에 순응해 타이완과 조선을 취해야 한다는 주장으로 '탈아론'이 주창된 경우도 있다. 그렇다면 청일전쟁에서 러일전쟁에 걸친 시기의 '아시아 연대론'과 '아시아 분할론'에 대해서도 단어의 배후에 있는 구체적인 대외 인식과 대외론을 동아시아 정세 변화와의 관련 속에서 어느 정도 장기적으로 따라가 볼 필요가 있을 것이다.

 그런데 제1장에서 임오군란·갑신정변기 대외론을 분석한 것과 같은 방법을 청일·러일 두 전쟁 사이의 대외론에 대해서도 적용하고자 할 때 다음의 세 가지 점에 특히 유의할 필요가 있을 것이다.

 첫째로 이 시기에는 조선 문제를 둘러싼 중일 대립이라는 요소가 없어졌다는 점이다. 청일전쟁에서 일본이 승리하여 중국은 강화조약을 맺으며 조선의 독립을 전면적으로 인정했기 때문이다.[9] 그 때문에 청일전쟁 이후에 일본의 조선 진출에서

---

9) 청일강화조약(시모노세키조약) 제1조는 '청국은 조선국의 완전무결한 독립자주를 확인한다'고 하여 전통적인 사대질서 구조의 조선과 청 관계는 전면 부정되었다.

라이벌은 러시아뿐이었다. 이는 임오군란·갑신정변기에 조선 문제에 관한 현상유지적 정책은 '청일협조론'이라는 형태로 주창된 것에 반해 청일전쟁 이후 조선 문제에 관한 현상유지론은 러일협조론으로 제창됨을 시사한다. 달리 말하면 제1장에서 다룬 시기에서는 조선에 관한 현상유지론이 '아시아주의'적으로 내세워진 반면 본장에서 다룰 시기에는 동일한 조선 정책이 '구미협조주의'적으로 주창된다는 것이다. 그리고 그 당연한 결과로 조선에 관한 현상유지 정책의 포기가 제1장에서 다룬 시기에는 '탈아론'적 형태로 정당화된 것에 반해 본장에서 다루는 시기에는 동일한 정책 전환이 '아시아주의'적 주장의 도입에 의해 이루어진 것이다.

유의해야 할 두 번째는 제1장에서 다룬 시기에서도 조선 문제와 중국 문제가 의식적으로 동일시되어 논해진 경향이 있고 그 구별은 결코 용이하지 않았지만, 본장에서 다룰 시기에는 동아시아 정세 자체가 매우 착종되어 있기 때문에 이 구별이 한층 곤란해 졌다는 점이다. 한편으로 러시아의 뤼순·다롄 조차는 독일의 교주만 조차에 뒤이은, 또한 영국의 주룽반도·웨이하이웨이의 조차에 앞서는[10] 중국 분할 문제이자 동시에 다른 한편으로 그것은 조선을 둘러싼 러일 관계의 밸런스를 압도적으로 러시아에 유리하게 한 의미에서 조선 문제였다. 때문에 이 시기의 중국 분할에 반대하는 논의를 읽을 때에도

---

10) 중국과 독일 사이의 교주조계조약은 1898년 3월 6일, 중국과 러시아 사이의 뤼순다롄조차지조약은 같은해 3월 27일, 중국과 영국 사이의 웨이하이조차조약은 같은 해 7월 1일 체결되었다.

일반적으로 '구미'의 중국 분할이 논의의 중심에 있는 가운데 혹 조선 문제와의 관련에서 러시아의 뤼순·다롄 조차가 문제시되고 있는가에 특별히 주의를 기울일 필요가 있는 것이다.

셋째로 1900년 의화단 운동 진압을 계기로 러시아가 만주를 점령한 이래 러일 관계는 조선만이 아닌 만주 문제를 둘러싼 관계가 되고 동시에 청일전쟁 이후 일본의 동아시아 정책에서는 고려할 필요가 없던 중일 관계가 재차 대외론의 틀 속에 들어왔다는 점이다. 조선을 둘러싼 러일 관계가 악화되어 일본 측이 이를 '지나 보전론'이라는 형태로 논해도 거기에는 일본의 중국내 팽창 문제는 나오지 않지만 만주를 둘러싼 러일 대립이 긴박해지면 '지나 보전론'은 동시에 일본의 '지나 분할'론과 동의어가 되어버릴 수 있기 때문이다. 왜냐하면 일본이 '지나 보전'을 내세우며 러시아와 싸우고 러시아를 만주에서 철퇴시킨다면 당연히 일본은 러시아를 대신해 만주에 진출하게 되기 때문이다. 이 경우에 '아시아주의'적 주장은 제1장에서 본 『자유신문』 등의 청일협조론이 아닌 후쿠자와 유키치의 팽창정책으로서의 아시아 개조론과 동일한 양상을 보이게 될 것이다. 그리고 팽창정책으로의 '아시아주의'가 극히 간단히 '세계의 대세'에 순응하는 '탈아론'적 정당화에 압도되는 것은 제1장에서 본대로다.

이하에서는 이상의 세 가지 점을 특히 유의하며 우선 청일전쟁 직후 구가 가쓰난과 『일본신문』의 '북수남진北守南進'론 =러일협조론과 그 전환 과정을 검토하고 이어서 구가의 전환

과정과 비교해 고노에 아쓰마로를 중심으로 한 동아동문회의 '청국 개조론'도 간단히 언급하며 제3절에서는 의화단 운동 이후 '탈아론'의 전형으로 주전론 7박사의 중심적 지도자였던 도쿄대학 교수 도미즈 히론도의 대외론을 검토한다. 제1장과의 비교에서 말하면 구가의 '북수남진론'은 『자유신문』의 '청일협조론'에 상당하고 고노에 등의 '청국 개조론'은 후쿠자와의 '조선 개조론'에 상당하며 도미즈의 탈아론적 팽창론은 아오키 슈조의 탈아론적 조선·타이완 진출론에 상당한다 하겠다.

2.1 『일본신문』의 '북수남진론'

『일본신문』 주필인 가쓰난, 구가 미노루[11])가 메이지 20년대의 '대외경大外硬'파의 중심적 이데올로그의 한사람이었음은 잘 알려져 있다. 그는 1889년 오쿠마 조약개정 문제[12])에서 외국인 판사의 채용이 국권을 침해받는 것이라 하여 다니 간조,[13]) 삿사

---

11) 본명이다. p.99 각주 참고.
12) 오쿠마 시게노부가 외무대신 자리에 있던 시기(1888~1889)에 추진된 조약개정. 오쿠마는 전임 외무대신인 이노우에 가오루의 뒤를 이어 당시 일본이 서구와 체결한 불평등 조약을 개정하기 위한 교섭에 착수했다. 당시 일본이 제시한 개정안은 치외법권 철폐를 요구하는 한편으로 외국인이 관여한 사건에서는 대법원에 외국인 판사를 임용한다는 조건을 내걸었다.
13) 다니 간조(谷干城, 1837~1911)는 도사번 출신의 군인(육군중장), 정치가다. 이노우에 외무대신 하의 조약개정 교섭이 이뤄지던 시기 농상무대신으로 정부의 조약개정 방침에 반대하며 사직했다. 이노우에의 뒤를 이은 오쿠마 시게노부 시기의 조약개정 교섭에도 반대의사를 밝히고 삿사 도모후사 등과 일본구락부에 관여했다.

제2장 청일·러일전쟁에 걸친 대외론

도모후사[14] 등과 함께 일본구락부日本俱樂部를 조직해 반대운동에 종사했다. 또한 1893년 말부터 1894년 청일전쟁 개전까지의 시기 현행조약 여행운동勵行運動[15]에서도 동일한 입장에서 『일본신문』에 논설을 펼쳤을 뿐만 아니라, 신문·잡지기자 대연합을 조직하는 데에도 크게 공헌했다.

나아가 가쓰난의 '국민주의'는 단순한 배외주의가 아니라 국내정치면에서는 일정 정도의 민주화 요구를 포함한 것으로 그 때문에 '평민주의'를 주창한 도쿠토미 소호 등도 이 운동에 편입될 수 있었다. 청일전쟁 직후 그의 입장은 진보당·헌정본당 좌파로도 불릴 위치에 서게 되어 전후 대대적인 군비확장에 반대하고 지조 증세에 마지막까지 반대했다. 이같은 가쓰난의 국내 정치에서의 일정한 진보성과 그 '국권론'과의 관련은 패전 직후에 일찍부터 마루야마 마사오에 의해 조명되어,[16] 현재는

---

14) 삿사 도모후사(佐々友房, 1854~1906)는 구마모토번 출신의 교육가, 언론인, 정치가다. 중의원의원으로 대일본협회를 조직해 대외경 운동을 전개하는 한편으로 중국·조선의 정치가들과 폭넓은 교류를 통해 '대륙통'으로도 알려진 인물이다.

15) 현행조약 여행운동은 정부의 조약개정안을 반대하며 현재 일본이 서양과 맺은 조약을 엄격히 이행할 것을 촉구한 것이다. 당시 일본이 열강과 체결한 조약은 편무적인 영사재판권, 최혜국대우 등을 규정한 불평등조약이었으나 한편으로는 서양인의 거주와 상업활동을 개항장으로 제한한 조약이기도 했다. 다만 현실에서는 조약 규정을 무시한 서양인들의 거류지 밖 거주가 공공연히 이루어지고 있었기에 이같은 실태를 비판하며 대등한 조약으로의 개정보다 외국인에게 제한을 가하는 현행조약을 우선 엄격히 시행할 것을 정부에 요구한 것이다.

16) 「구가 가쓰난 – 사람과 사상」, 『중앙공론』 1947년 2월. 이후 『전중과 전후 사이』 みすず書房, 1976에 수록 / 한국어판 김석근 역, 『전중과 전후 사이 1936~1957』, 휴머니스트, 2011.

니시다 다케토시·우에테 미치아리 두 사람의 손에 의해『구가 가쓰난 전집』전9권이 간행되어 메이지 2~30년대 가쓰난 사상의 전모를 알 수 있게 되었다.

또한 구가 가쓰난의 대외론에 초점을 맞춘 연구로는 도야마 시게키의「구가 가쓰난의 대외론 – 특히 청일전쟁 전후 시기를 중심으로」[17])가 있다. 제목으로 보면 본장에서의 가쓰난 분석과 가장 관련 깊은 것이기에 본래 이에 관해 내 관점에 따른 비판을 서두에 기록해야 하겠지만 관심의 소재도 접근도 모두 크게 다르기에 직접 언급할 것은 적으므로 비교는 피하고자 한다. 도야마는 외교 문제를 창구로 사상가 가쓰난의 사상 특징에 접근해 가는 것에 반해 내 관심은 가쓰난의 대외론을 단서로 이 시기 대외론의 일반적 특징에 접근하는 것이므로 양자의 방향은 완전히 정반대다.

북수남진론

가쓰난의 '북수남진론'은 이미 청일전쟁 중에 제창되었다. 1895년 4월 3일『일본신문』사설에서 가쓰난은 "우리는 휴전과 동시에 남양 황군의 승보를 접하고 더욱더 국위가 남쪽으로 펼쳐지길 바란다. 무릇 제국 국민이 장래에 비양飛揚함은 오히려 남방에 있다. 즉 제국 국민은 북방남진北防南進의 운명이다. 펑후澎湖·타이완 외에 우리의 국위를 펼쳐야 할 땅은 매우 많다. 우리 남군이 진정 크게 이룰 일은 금일 이후에 있을 것이다"

---

17)『요코하마 시립대학 논집』24-2·3호, 1973년 4월.

(『구가 가쓰난 전집』제5권, p.74. 강조 인용자. 이하 2장에서는 『전집』으로 약칭.)라 하였다. 같은해 7월 8일 사설에서도 "제국의 자연적 위치는 북방을 보수하고 남방을 진취하게 함이다. 이는 대체로 인의人意에 있지 않고 정략에 있지 않으며 오히려 국가의 필요에서 나온다. 즉 국시의 근본이다. 유신 초기에 가라후토를 방치하고 오키나와를 확령確領했던 것이나 금일 또한 요동을 돌려주고 타이완을 취함은 모두 천유적天有的 위치가 그러한 바이다. 정치가는 이에 사로잡혀 스스로 알지 못할 뿐"(『전집』제5권, p.131)이라 기술하고 있다.

가쓰난의 남진론이 남양제도나 오스트레일리아를 전혀 포함하지 않은 것은 아니지만 주로 타이완을 기점으로 중국 동남부에 진출하고자 하는 것으로 경제적 진출에 중점을 두었다. 그는 "지나 동남부를 점유하는 이익적 관계"를 확충하고 "항통航通 및 금융 기관을 준비해 충분히 상권의 확장을 도모"하는 것이 시급함을 이야기한 것이다(1895년 9월 24일,『전집』제5권, p.207).

이같은 남진론의 입장에서 보면 당연하게도 일본이 가장 두려워 할 서양 열강은 러시아가 아닌 영국이 된다. "지나에서 우리 무역권을 펼치고자 하면 영국은 바로 우리의 강적이다. 때문에 영국인의 환심을 잃지 않고자 한다면 우리 무역권은 끝내 신장하지 않는다. 이와 마찬가지로 타이완 점령권의 실효를 얻고자 하면 영국인은 끝내 우리와 손을 맞잡는 친구가 될 수 없다"고 하였고, 그는 이 논의를 더욱 밀고 나가 "금일의 문제는 설령 동맹이냐 적대냐를 결심하는 데까지 이르지 않더라도 동정同情이냐 적의敵意냐는 결정해야 한다"(1895년 9월 25일, 『전집』제5권, p.207)고까지 명언하고 있다. 대러 우호·대영 경계론을 명확히 내세운 것이다.

다만 가쓰난의 러일협조론도 무조건적인 것은 아니었다. 그가 말하는 '북수'는 조선을 포함한 것으로 '일본 제국의 부익扶翼을 받는 일은 오히려 조선의 의무'라는 생각에 선 것이었다. 달리 말하면 조선을 일본의 지배 하에 있는 독립국(이 형용모순에 관해서는 지금 언급하지 않겠다)으로 확보하는 것이 그가 말하는 '북수'로, 러일 간의 협조는 이를 위해서도 필요했던 것이다. "러일간의 적의를 가지고 조선의 독립 및 안녕을 쌓는 일은 이른바 기름을 주입해 불을 키우는 것과 같은 일일 뿐"이라 한 것이다(『전집』제5권, p.208).

이는 요컨대 청일전쟁 종료 시점에서 가쓰난의 대외론은 타이완을 기점으로 중국 동남부로의 경제적 진출을 꾀한다는 것으로 그 관점에서 일본의 중국 정책상 최대 위협은 영국이라 생각한 것이었다. 또한 조선 문제에 관해서는 러시아의 조선 진출에 극히 낙관적인 태도를 취하며 일본이 만주로의 진출을 획책하지 않는 한 조선 문제에서 러일협조는 가능하다는 판단에 서 있었다. '북수' 의미는 만주로의 진출을 행하지 않는 대신 조선에서의 일본의 우월적 지위는 지킨다는 것이었다.

다만 이들 논의는 삼국간섭 직후의 의론이므로 만주로의 진출론이 없는 것이나 러시아의 조선 진출에 대한 경계심이 없는 것도 당연할지 모른다. 주로 러시아의 이해에서 나온 삼국 간섭에 의해 일본이 청일전쟁 승리로 얻은 요동반도를 중국에 반환한 직후 그 요동반도를 러시아 자신이 조차하거나 하물며 만주 전체를 러시아가 점령하리라고는 당연히 상상할 수 없었기 때문이다. 즉 가쓰난의 '북수론'은 "일본이 요동을 돌려줌과 동시에 러시아 또한 장래에 점령하지 않는다는 약속을 자연히 묵인했던 것과 마찬가지"(『전집』제5권, p.208)라는 전제에 선 것이었다.

『일본신문』・『자유신문』 대외론의 유사성

이상과 같은 청일전쟁 직후 가쓰난의 대외론을 제1장에서 검토한 임오군란 직후 『자유신문』의 청일협조론과 비교할 때 양자 사이에 현저한 유사성을 찾아낼 수 있으리라. 『자유신문』은 러시아의 남하를 최대 위협으로 생각해 이를 막기 위해 청일간 협조를 중시하고 그 관점에서 청국을 도발하는 듯한 조선간섭정책을 억제해야 한다고 주장했다. 청일전쟁 직후의 『일본신문』은 청국 동남부로의 경제진출 관점에서 영국을 최대 위협으로 생각해 이에 대처하기 위해 러일간 협조를 중시하고 그 관점에서 러시아를 자극하는 듯한 만주 진출은 포기할 것을 주장했다.

청일전쟁에서 일본의 승리로 조선을 둘러싼 청일간 대립이라는 문제가 해소되었기 때문에 양자의 논의를 동일 평면상에 두고 생각하면 『자유신문』의 대러 경계론과 『일본신문』의 러일협조론은 일견 정반대의 논의처럼 보인다. 그러나 이러한 형태로 동아시아를 둘러싼 국제관계 구조가 상이한 두 시점時點에서의 대외론을 비교할 수는 없다. 조선 지배를 둘러싼 청일 대립이라는 상황이 있었을 때와 없어졌을 때의 대외론을 비교하므로 우리는 두 가지의 평면을 필요로 한다. 이른바 계단의 첫단과 두 번째 단을 상정하고 첫단의 대외론과 두 번째 단의 대외론을 비교해야 하는 것이다. 이같은 관점에 서면 우리는 1882년의 임오군란 직후 『자유신문』의 대외론과 청일전쟁 직후인 1895년의 『일본신문』의 대외론이 같은 구조를 가진 것이라 할 수 있을 듯하다.

2.2 '중국 분할'의 개시와 '북수남진론'

청일협조론에서 영일협조론으로

이같은 가쓰난 및 『일본신문』의 '북수남진'=러일협조론은 1897년 말부터 이듬해 초에 걸친 독일의 교주만 점령, 러시아의 뤼순·다롄 조차, 영국의 주룽九龍반도·웨이하이웨이 조차 등으로 보이는 이른바 '중국 분할' 개시로 다소간의 수정에 직면하게 된다. 한편으로 러시아의 뤼순·다롄 조차가 러일협조론을 곤란하게 하고 다른 한편에서 타이완을 기점으로 한 중국 동남부로의 진출로도 어떠한 진전의 전망이 없어진 이상 '북수남진론'이 벽에 부딪힌 것은 당연했다. 1898년 4월 6일 「진퇴의 결의(동아시아 국면을 대하는 일본)」이라는 제목의 사설은 다음과 같이 논하고 있다.

제 2장 청일·러일전쟁에 걸친 대외론

> 러시아가 뤼순·다롄을 점령한 것에 대해 영국은 웨이하이웨이 차용을 청에 요구했다 한다. … 지나 북방 연안은 교주를 포함해 영·러·독 삼강에게 요해를 점유당했다. 그리고 남방은 어떠한가 하니 양자강구 요지인 저우산도舟山島는 사실상 이미 영국의 수중에 있고 하이난의 해협은 이제 실로 프랑스에게 빼앗기려고 한다. 산샤만三沙灣 또한 어느 나라에게인가 귀속된다고 하면 종래 홍콩과 더불어 지나 남방 연안은 영·불 이강의 점유에 들어간 것이라 보아도 좋다.
>
> 하이난도·홍콩·산샤만·저우산도 등의 연안지 모두 이제 타국이 점거하게 된다면 우리 타이완 및 펑후는 남방 지나와 가까이 하고 있음에도 불구하고 사실상 거의 남양의 한 고도孤島가 될 뿐이며 또 대청 정책상으로도 조금의 가치가 없게 될 것이다. 하물며 가장 접근한 푸젠 산샤만에 영 또는 독의 선함이 정박할 때에 이르러서야. 일본은 점차 동양 시국 속에서 추방될 것이다. 타이완·펑후 점령은 지금에 이르러 오히려 성가신 것이 되었다 (『전집』 제6권, p.54)

'북수'가 위험해 지고 '남진'의 전망이 없어진다면 가쓰난 자신의 대외론도 '진퇴의 결의'에 직면하게 된다고 할 수 있다. 그는 이 사설에서 "금일의 동아 시국에서는 나아가지 않는 자는 곧 물러나는 자이다. 물러서지 않겠다 각오하는 자는 전진하겠다 각오해야 한다"고 서술하고 있는데 그 자신은 도대체 어느 방향으로 나아가고자 했던 것일까.

가쓰난은 우선 지금까지 그가 주창해 온 러일협조의 주장을 포기한다. 1898년 4월 러일간에 일본은 러시아에 의한 뤼

● 2.2 '중국 분할'의 개시와 '북수남진론'

순·다롄 양항의 조차를 묵인하는 대신 러시아는 일본이 한국에서 상업 및 공업상의 우월성과 거류민 수의 우월성을 가지고 있음을 인정하는 니시·로젠 협정이 조인되었다. 이 때 지금까지 러일협조론자였던 가쓰난은 이를 비판하고 대요를 다음과 같이 논하였다.

> 우리는 청일전쟁 후 지금까지 '북수남진'론을 주창해 왔는데 정부는 이를 듣지 않고 '남수북진' 태도를 취해 왔다. 그 결과 러일간 관계는 악화되고 조선의 독립조차 위험해졌다. 지금 또다시 독·러 양국에 의해 중국 독립도 위험해지고 있다. 이같은 때가 되어 정부는 급히 조선 문제에 관해 러일 협상을 체결해 버리고 말았다. '지나 독립의 위협은 조선 독립의 침해보다도 한층 불리'한 금일의 상황에서 조선 문제에 한정한 러일 협상은 어떤 의미도 없다.(「작금의 러일 협상」 1898년 4월 23일, 『전집』 제6권, pp.60-61.)

이같은 러일협조론 포기에 동반해 가쓰난은 이전의 대영 경계론도 철회한다. "영국 또한 구태여 동아 대륙을 침략하고자 하지 않고 도리어 지나 제국의 독립을 돕겠다 공언하고 독립을 부조하는 방법으로 뤼순에 대응한 웨이하이웨이 차용을 요구한다. 이는 반드시 잘못이라 할 수 없다"고 한 것이다(1898년 5월 8일, 『전집』 제6권, p.71).

제 2 장 청일·러일전쟁에 걸친 대외론

'청국 개조'론으로

이상으로 분명해 진 것처럼 가쓰난은 1898년 초기 독·러에 의한 교주만, 뤼순·다롄 조차를 경계로 러일협조론에서 영일협조론으로의 전환 조짐을 보이고 있다. 그러나 또하나의 전환으로 『일본신문』의 중국에 대한 태도가 급속히 적극적이 된 것도 간과할 수 없다. "청일전쟁은 조선 독립 및 개혁을 돕기 위해 지나 정부의 반대적 간섭을 배제함으로써 일어났다. 그리고 전쟁의 종결 또한 이 반대적 간섭을 장래에 두절하기 위해 체결된 것은 논할 필요도 없다. 동아의 선진국으로 자임하는 일본이 이미 조선의 독립 및 개혁을 도왔다. 지금은 지나에 관해 그 독립이 위험함을 보고 또한 개혁이 실패함을 보고 있음에 일본제국이 어찌 이를 강건너 불보듯 할 것인가. 4년 전의 대한 정책은 4년 후의 대청 정책이 되어야 함은 역시 많은 말을 필요로 하지 않을 뿐이다" 라 한 것이다(『전집』제6권, pp.145-146).

가쓰난의 '북수남진'론에서 '남진'은 중국 남부로의 진출을 의미하고는 있지만 이는 전적으로 경제적 진출로 고려되었고 정치·군사적으로 중국에 개입하는 자세는 전혀 보이지 않았다. 그럼에도 이제 그는 일찍이 후쿠자와 유키치 등의 조선 개조론과 완전히 같은 문맥에서 '지나 보전', '청국 개조'를 주창해 낸 것이다. 1897년 말부터 이듬해 초에 걸친 이른바 중국 분할, 특히 러시아의 뤼순·다롄 조차라는 동아시아 정세 변화가 그에게 대러·대중국 현상유지론을 포기하게 한 원인임은 명백하리라.

이같은 '청국 개조', '지나 보전'론으로의 구가 가쓰난의 전

● 2.2 '중국 분할'의 개시와 '북수남진론'

환은 1883년 안남사변을 계기로 한『자유신문』의 청일협조론 포기와 공통되지만『자유신문』의 경우에는 청일협조론에서 청일 대결로 변화하기 위해 그 전환 논리가 이른바 '탈아론'적인 것이 되었던 반면에 가쓰난의 경우에는 러일협조론에서 러일 대결론으로 전환하기 위해 전환 논리는 역으로 이른바 '아시아주의'적인 것이 된다. 즉 가쓰난은 "구주 각국의 대외상의 주장에 따르면 혹 인종 차이로, 혹 정체政體 차이로 교제의 예법을 취사선택하는 것과 같다"라는 서양 대 동양의 대립 도식을 강조하고 나아가 "그들은 이미 지나 대륙에서 그 뜻을 얻고 그 기세로 나아가 일본 군도에도 그 주장을 응용하고자 한다"며 일본도 서양 열강에 의한 병탄 대상 쪽에 두고 있는 것이다.

종래의 이해에 따르면 '아시아주의'에서 '탈아'로 변한『자유신문』과 '구미협조'에서 '아시아주의'로 전환한『일본신문』의 전환은 완전히 역방향의 전환이 될 것이다. 그러나 잘 생각해 보면『자유신문』의 전환이 '탈아'적으로 보이는 것은 협조에서 대결로 전환하는 상대국이 아시아 국가이기 때문이고 역으로『일본신문』의 전환이 '아시아주의'적으로 보인 것은 협조에서 대결로 전환하는 상대국이 서양 국가이기 때문임에 불과하다. 1880년대 초반의 청일협조론과 청일전쟁 후의 '북수남진론'이 같은 타입의 대외론이며 양자의 전환 원인도 유사한 이상, 전환 후의 일견 정반대로 보이는 대외론도 실은 각각 청일 대결론과 러일 대결론으로의 전환으로 보면 완전히 같은 타입의 대외론이었다고 말할 수 있겠다.

'아시아주의'와 '탈아론'을 그 시대의 대외 관계 구조 및 대외론 그 자체의 구조를 보지 않고 단어의 표면만으로 이해하면 우리는 아마 엉뚱한 결론에 빠지게 될 지도 모른다.

고노에 아쓰마로의 청일협조론

이상과 같이 구가 가쓰난에게 러시아의 뤼순항 차용은 조선 문제에 관한 러일협조를 곤란케 한 것으로 그에게 '북수남진론'의 전환을 압박한 사건이었던 것에 비해 메이지 30년대 초기의 '대외경'파의 중심적 지도자가 되어 간 고노에 아쓰마로의 동인종 동맹론은 중국의 개조를 지원해 러시아에 대항하게 한다는 점에서 구가의 대외론과는 상당히 달랐다. 본장 서두에 인용한 동시기 고노에와 구가의 대외론은 표면적으로는 매우 유사하나 이점에서 양자는 명백히 차이를 보이고 있는 것이다.

고노에는 앞서 소개한 「동인종 동맹론」(1898)의 다른 부분에서 북경 정부 자체가 반러 친일적이 될 가능성은 적지만 장즈둥張之洞 등의 남방 총독에게는 그 가능성이 있는 것으로 보고 다음과 같이 말하였다.

> 최근 지나에서 귀국한 아무개가 나에게 말하길 북경 정부는 여전히 완명불령, 존대거오[18]한 것이 조금도 이전과 다르지 않다. 그저 패전에 분노할 뿐, 문무제도를 개혁할 뜻이 없는 데다가, 중국주의의 옛꿈 또한 깨지

---

18) 완명불령(頑冥不靈)은 고집이 세고 사리에 어두우며 무지하다는 뜻이고, 존대거오(尊大倨傲)는 허세를 부리며 거만하다는 뜻이다.

● 2.2 '중국 분할'의 개시와 '북수남진론'

못하고 있으니 사직의 안위를 살피지 않는 것과 같다. 그렇지만 북경 이외의 유력자는 내심 삼국 동맹의 숨은 모략을 깨닫고 요동 반환이 도리어 자국에 화가 되는 까닭을 생각하며 북경 정부가 두말 없이 러시아의 요구에 응하는 경향을 우려하는 바가 적지 않다. 저 장즈둥의 경우 가장 이를 우려하는 한 사람으로 크게 지나 개혁을 예의주시하며 새롭게 기관 신문을 발행하고 왕성하게 조야를 경계하는 언설을 펼친다. 그 세력 또한 무시할 수 없다. 그리고 상해 지방의 인민은 특히 삼국의 야심을 두려워 해 일본에 친밀한 정을 날로 깊이 하는 듯하다고 한다. 나는 아무개의 말이 크게 사실과 다르지 않을 것이라 믿는다. 왜냐하면 이는 필연한 형세로 내가 일찍이 예기豫期했던 바이기 때문이다"(『고노에 아쓰마로 일기』 별권, p.63)

여기서 분명한 것처럼 고노에의 '청일협조론'은 중국 내부에서 이에 호응하는 어떤 세력의 존재를 전제로 한 것이었다. 이는 이해(1898년) 11월에 무술정변에 실패해 일본으로 도망쳐 온 캉유웨이와 회견했을 때의 고노에 담화로부터도 추측할 수 있다. 고노에는 캉유웨이에게 "동양은 동양의 동양이다. 동양인만이 동양 문제를 결정할 권리가 있어야 한다. 미주의 먼로주의는 무릇 이 뜻에 다름 아니다. 동양에서 아시아의 먼로주의를 실행할 의무는 실로 중일 양국인의 어깨에 걸려 있다"고 하였다. 이에 대해 캉유웨이는 "실로 높은 가르침과 같다. 슬프도다. 우리나라의 이번 사변은 특히 드디어 나아가고자 한 국운을 재차 침윤沈淪시킨 것이다. 금일 국황의 총명함으로도

제2장 청일·러일전쟁에 걸친 대외론

또한 어찌할 수 없다. 국황의 뜻 또한 그저 귀국의 원조를 얻는 것에 기대고자 함에 다름 아니다"고 답하고 있다. 광서제를 옹립하여 변법 자강의 개혁을 시도했으나 실패한 캉유웨이 등은 일본의 원조에 의한 재차 정권 장악을 기대하고 있었던 것이다.

이 회담에서 고노에는 량치차오, 캉유웨이 등이 광서제를 옹립하며 도모했으나 서태후를 비롯한 수구파에게 패한 개혁에 관해 "그 개혁이 너무 급격한 나머지 차질을 빚는 일이 없을까를 우려"했다고 비판적으로 발언하고 있다. 그러나 캉유웨이가 거듭 "귀국이 이에 조금의 힘도 아까워하지 않고 태후의 세력을 없애 황제의 복위를 꾀한다면 반드시 이루어질 것이다. 또한 성공한다면 귀국의 후은은 우리 신민이 영원히 잊지 않을 바이다"라고 호소했을 때 고노에의 대응은 결코 냉담한 것은 아니었다. 그는 이같은 문제는 열강의 관계 등 다방면에서 생각해야 하므로 "용이하게 가부를 말할 수 있는 것"은 아니라 하면서도 "당국 혹은 지나 문제에 깊이 마음을 기울이는 대여섯 명사에게는 통해 두는 것이 좋겠다. 경우에 따라서는 나도 소개에 힘쓰겠다"고 상당히 적극적인 태도를 보였던 것이다 (『고노에 아쓰마로 일기』제2권, pp.195-197).

캉유웨이와 회담한 약 2주 후인 11월 17일에 또 한사람의 변법 지도자 량치차오와 회견했을 때에도 고노에는 매우 신중한 태도를 취하면서도 동시에 "만일 금일 시기가 무르익는다면 번개처럼 신속하게 기민한 수단을 요한다. 금일 그 시기인가 아닌가는 조금 생각해야 한다"고 하였다(『고노에 아쓰마로

2.2 '중국 분할'의 개시와 '북수남진론'

일기』제2권, p.208).

이러한 것을 생각할 때 고노에는 1898년 9월 캉유웨이 등이 일본에 망명한 이후부터 11월에 캉유웨이·량치차오 두사람과 회담했을 때까지는 광서제의 복권이라는 절호의 명분을 걸고 변법파를 원조해 친일 정권을 중국에 만드는 것에 완전히 부정적이었다고는 단정할 수 없다. 앞서 본 캉유웨이와의 회담에서 고노에가 쑨원 등 남청南淸 지방 혁명파의 의도가 "태후파의 세력을 없애면 충분하다 하는가, 혹 어디까지나 황제의 복위를 바라는데 있는가"라고 캉유웨이에게 물은 것도 이를 뒷받침하는 것이라 생각된다. 고노에의 관점에서 보면 서태후를 쓰러트린 후에 광서제가 복위한다면 명분이 서지만 공화정치를 목표로 한 혁명을 원조할 수는 없었기 때문이다. 그러나 이 점의 확인 자체는 고노에가 광서제 복위를 일본이 원조한다는 생각에 상당한 매력을 느끼고 있었음을 보여주는 것이리라.

다만 고노에는 이듬해 1월이면 이 방향을 확실히 포기하고 있다. 1899년 1월 19일에 량치차오와 회견한 고노에는 "캉유웨이가 일본에 있음은 금일 양국 교제를 유지하는 장해가 될뿐 아니라 그의 뜻을 용이하게 달성할 수 있으리라고도 생각되지 않는다. 마땅히 구미로 떠나야 한다. 나도 캉유웨이에게 권설勸說했지만 량치차오도 말해야 할 것"이라 권고하고 있다. "일본은 같은 동양의 관계국으로 이해를 같이 한다. 때문에 깊이 양국 사회상의 교제를 친밀히 하길 바란다. 구미와의 관계를 생각하건대 귀국과 같지 않다. 때문에 귀국에 체재하길 바라고 있다"고 의미를 말하며 진력을 다해 일본 체재를 청한 량치차오에게 확실한 거절의사를 밝힌 것이다. 여기에서 고노에의 '청국 개조론'은 혁명파는 물론 개혁파와도 연을 끊은 것이다.[19]

결국 고노에의 최종적 입장은 "중국의 제 세력에 대한 초당파적 접근 자세"[19]에 있었던 것인데 이는 일면 동아동문회에 결집한 활동가들과 중국 국내 세력의 관계가 다양하기 때문에 이들을 총괄하는 지위에 있었던 고노에로서는 조직의 내적 사정으로도 초당파적 입장을 강요받았기 때문이라 생각된다. 『고노에 아쓰마로 일기』를 보면 캉유웨이·량치차오의 원조에 적극적이었던 것은 나카니시 마사키中西正樹·가시와바라 분타로柏原文太郎 등이며 시로이와 류헤이白岩龍平는 상해에서 캉유웨이·량치차오 원조에 강하게 반대하는 편지를 고노에에게 보냈다(『고노에 아쓰마로 일기』제2권, p.232).[20]

구가 가쓰난과 고노에 아쓰마로의 차이

이상으로 알 수 있듯 1897년 말부터 이듬해 초에 걸친 독일·러시아에 의한 중국 분할의 착수라는 사태에 직면해 동일하게

---

19) 한편 이 점에 관해서는 사카이 유키치(坂井雄吉)「고노에 아쓰마로와 메이지 30년대의 대외경파」,『국가학회잡지』83-3·4합병호, pp.76-78을 참조. 다만 사카이는 고노에가 캉유웨이 등에게 확약을 회피했다는 것을 강조하고 있다.

20) 한편 동아동문회에 결집한 일본인 현지활동가의 계보에 관해서는 사케다 마사토시(酒田正敏)「대외경(對外硬) 운동 – 국민동맹회 성립에서 히비야 폭동사건까지」(1)·(2),『도쿄도립대학 법학회잡지』10-2·11-1에 상세하다.

2.2 '중국 분할'의 개시와 '북수남진론'

'구미'에 대한 아시아의 단결을 호소한 구가 가쓰난과 고노에 아쓰마로 사이에도 보다 상세히 그 대외론을 검토해 가면 상당히 본질적인 차이가 있었다. 가쓰난의 경우에는 그의 '북수남진론' 가운데에는 중국 문제를 둘러싼 러일 대립의 요소가 원래 존재하지 않았고 남진론의 주요한 라이벌은 영국이었다. 이른바 가쓰난에게 있어서는 '북수'= 조선 문제를 둘러싸고 러일 대립이 나오게 될 가능성은 내포되어 있었지만 '남진'=중국 문제를 둘러싸고 러일 대립이 나올 가능성은 없었던 것이다.

이에 반해 고노에의 '동인종 동맹론'은 장즈둥 등 남방의 여러 총독이나 캉유웨이 등의 개혁파 혹은 경우에 따라 쑨원 등의 혁명파까지 포함해 중국 국내의 어떠한 정치세력을 통한 중국의 반러친일화를 목표로 삼고자 한 자세가 보였다. 다만 고노에를 회두會頭로 한 동아동문회는 청조 내의 개명파·개혁파·혁명파 각각과 연락을 가진 회합 집단이므로 어느 한쪽을 원조하는데 힘을 집중할 수 없었다. 이른바 그의 '청국 개조론'은 구체화하기 어려운 것이었다. 다음 장에서 검토할 신해혁명 이후의 '중일 친선론'과 비교해 말하자면 위안스카이 원조·혁명파 원조·만몽 독립운동 원조라는 모든 것을 동아동문회라는 한 민간조직이 내포했던 것으로 무언가 구체적인 공작이 만들어질 성격은 아니었던 것이다.

동아동문회의 회합 집단적 성격때문에 고노에의 '청국 개조론'과 구가의 ('북수남진론'의 막다른 길목에서 나온) '아시아 연대론'과의 차이는 그다지 크지 않았다. 사실 동아동문회의

결성에 구가도 참가해 주의서主意書의 기초를 담당했다.[21]

그러나 양자의 대러 대결 자세에는 명확한 강약이 있었다. 이 차이는 국내 정치에서 고노에의 군비확장·지조증징 찬성론, 구가의 군비확장·지조증징 반대론의 대비로 나타났다. 한마디로 조선 문제에서 친러→반러 전환을 한 가쓰난에게는 팽창주의적 측면이 약하고 중국 개조적 관점에서 나온 고노에게는 그 점이 강했다 하겠다. '구미'의 아시아 침략에 반대한다는 동일한 외관을 가진 논의 가운데에도 팽창주의적인 '아시아 개조론'과 현상유지론적인 '아시아 연대론'이 존재했던 것이다. '지나 보전'이라는 동아동문회의 슬로건은 이 양자를 포함하는 데에 극히 편리한 것이었다.

그러나 이같은 두 가지 '아시아 연대론'의 차이는 어느 상황에서 완전히 사라져 버린다. 제1장에서는 1883~1884년의 안남을 둘러싼 청불 대립 속에서 종래 '청일협조론'을 주창한 『자유신문』과 '조선 개조론'을 주창한 『시사신보』 사이의 차이가 거의 사라져 간 과정을 검토했다. 청일전쟁 이후 시기에 이 안남사변에 상당하는 것은 말할 것도 없이 1900년 의화단 운동 발발과 이에 이은 러시아의 만주 점령이다.

---

21) 사케다 마사토시 「대외경 운동」 (1), p.345.

2.3 의화단 운동과 '북진론'의 대두

'남수북진론'의 등장

1900년 청국에 의화단 운동이 발생해 6월에는 북경까지 난입했고 청국 황제도 이에 떠밀려 6월 21일에는 열강에 선전포고를 했다.[22] 영국을 비롯한 열국이 일본에 대규모 출병을 의뢰하여 일본은 연합군의 중심이 되어 북경에 진입하고 8월에는 북경의 질서를 회복했다. 다른 한편 러시아는 이 출병을 기회로 만주를 점령했다.

이같은 정세의 급변 속에서 일본의 대외론에도 커다란 변화가 드러났다. 가장 큰 변화는 민간의 대외강경론이 명확히 '북진론'을 주창하기 시작한 점이다. 이는 1895~1897년의 구가 가쓰난의 '북수남진론'이나 1898~1899년 동아동문회의 남청南淸 경영을 중심으로 한 '지나 보전론'에서 커다란 전환을 의미한다. 이 전환을 가져온 객관적 정세가 러시아에 의한 만주 점령임은 말할 것도 없지만 이 '북진론'에 논리적 뒷받침을 부여한 것이 도미즈 히론도·데라오 도오루寺尾亨·나카무라 신

---

[22] 원문에는 의화단이 북경을 '함락'한 것으로, 연합군은 북경에 '진입'하여 질서를 '회복'한 것으로 기술되어 있으나 이같은 표현은 어디까지나 열강의 입장을 대변하는 것이므로 주의를 요한다. 광서제가 비록 열강에 대한 선전포고에는 미온적인 태도를 취하기는 했으나 의화단이 내건 '부청멸양'은 청 조정으로서는 마냥 거부하기만은 어려운 구호였다는 점도 사실이다. 결국 선전포고 두 달도 지나지 않아 열강 8개국 연합군에 의해 북경은 함락당했으며 이 과정에서 수많은 약탈과 파괴, 학살이 자행되었다.

제 2 장 청일·러일전쟁에 걸친 대외론

고[23])·도미이 마사아키라富井政章·가나이 노부루金井延·마쓰자키 구라노스케松崎藏之助 등 이른바 6박사 의견의 발표다.[24]

1900년 10월에 간행된 「제대가諸大家 대외의견필기對外意見筆記」가운데 이 점을 가장 명확히 표출한 것은 법학박사 마쓰자키 구라노스케의 의견이다. 그는 우선 영토의 대소가 국력의 대소와 직접 관계함을 말하며 다음과 같이 논했다.

> 장래 세계에 삼대제국설을 주창한 유럽의 경제학자 두셋이 있습니다. 이른바 삼대제국이란 러시아, 대영제국, 미합중국입니다. … 과거 수천년간 성쇠흥망의 흔적을 탐구해보면 만약 허다한 나라들이 나란히 경쟁한다면 최종적으로 승리하는 것은 영토 인민이 많은 나라임은 도저히 피할 수 없는 셈입니다.[25]

이같은 영토·인구의 많고 적음으로 국가의 강약이나 장래성을 판단하는 관점에서 보자면 일본의 팽창은 필수 과제가 된다. 다만 마쓰자키는 반드시 필요한 것은 단순한 영토 확장이 아닌 일본의 세력권 확장이라는 것이지만 여기에서의 논의에서 말하자면 이 차이는 그렇게 문제가 되지 않는다. 주목할 점은

---

23) 나카무라 신고(中村進午, 1870~1939)는 일본의 법학자로 전문은 국제법이다. 학습원대학, 도쿄고등상업학교·상과대학 교수를 역임했다. 러일전쟁 개전 직전 이른바 「7박사 의견서」를 제출해 정부의 외교 정책을 비난하고 러시아와의 개전을 주장하는 강경한 대외 노선을 주창한 인물 가운데 한명이다.

24) 의견은 유사하나 1903년의 7박사와는 인원 구성이 다르다. 7박사에는 마쓰자키 구라노스케가 빠지고 오노즈카 기헤이지(小野塚喜平次)와 다카하시 사쿠에(高橋作衞)가 포함된다.

일본이 확대해야 할 세력권으로 명확히 만주가 거론되고 있는 점이다.

마쓰자키는 "그렇다면 일본은 장래 어떤 방면을 향해야 하는가 하면 이는 실로 장래 백년의 국시를 정하는 것이라 할만한 정도의 큰 문제입니다만, 제 생각에 의하면 남쪽으로 확장하는 것은 어렵고 북쪽으로 확장해 가는 것이 쉬우리라 생각합니다"라고 '남진론'을 부정하고 '북진론'을 주장했다.[25] 그는 이 관점에서 "조선 및 만주 등이 광동 혹은 호남, 호북 지방보다 장래 일본인의 개발을 훨씬 기다리고 있음은 말할 것도 없습니다"[25]라며 '조선 및 만주'를 일본의 세력권으로 넣을 것을 주장하고 있다. 조선 점령론이나 남진 경영론은 종래에도 있었으나 만주를 일본의 세력권으로 넣는 것이 구체적인 문제로 주창되기에 이른 것은 이 시점이 시초일 것이다.

그는 '남진론'을 부정한 이유로 첫째로 '남진'하고자 하면 강력한 영국 등의 해군과 대결해야 하는데 "일본의 국력은 해군 확장을 통해 이상의 나라들과 다투는 것이 매우 어렵다"[25]라는 점을 들고 있다. 둘째로 그는 중국의 서남부는 경제력이 발달해 "자본 측면에서 일본 기업가 가운데 혹 훌륭한 자도 적지 않으나 이들 인민과 경쟁하거나 그 안에 들어가 근거를 삼는 일이 곤란함은 현재 지나 남부, 가령 상해 등에서의 청일 무역을 비추어 분명합니다"[25]라는 점을 들고 있다.

---

25) 도미즈 히론도『회고록』1904, pp.130-134.

제 2 장 청일·러일전쟁에 걸친 대외론

이같은 '북진론'의 입장에 서서 마쓰자키는 "만주의 보전"을 주장하고 "만주를 보전함은 이른바 지나를 보전하는 까닭"으로 "명의상으로나 실익상으로나 만주의 보전을 말함은 일본을 위해 가장 득책입니다"라고 논하였다. '지나 보전'이라는 말이 '만주 보전'을 의미하게 된 것은 '지나 보전론'의 완전한 의미 전환이었다. 여기에 이르러 비로소 우리는 메이지 10년대 후반의 후쿠자와 유키치의 조선 개조·청일 대결이라는 '동양 맹주론'과 완전히 같은 타입의 대외론을 메이지 30년대에 발견할 수 있는 것이다. '애신각라씨[26]'를 위해 만주의 보전을 도모'하고자 한 대러 전쟁이라는 마쓰자키의 의론과 조선의 독립·개조를 위해 청국과 싸운다는 후쿠자와의 '조선 개조론'은 조선을 만주로, 중국을 러시아로 한단계씩 올려보면 완전히 동일한 대외론이라 하겠다.

러시아와 만주의 패권을 다투다

이같은 이른바 '남수북진론'이 등장했을 때 앞서 '북수남진론'을 주창한 구가 가쓰난은 어떠한 주장을 전개하고 있었을까. 본래 이「제대가 대외의견필기」의 간행은 도미즈 히론도의 『회고록』에 의하면 1900년 9월 12일 후지미켄富士見軒에서의 회합에서 구가 가쓰난이 6박사를 향해 "건의서 제출은 여전히 충분치 않다. 어찌 각자 의견을 세간에 발표하지 않는가"라고

---

[26] 애신각라씨(愛新覺羅氏)는 청 제국의 황성(皇姓)이다. 청의 마지막 황제였던 푸이(溥儀)는 만주사변으로 만주국이 수립되자 일본의 허가 하에 만주국 황제로 오른다(1934~1945).

압박해 도미즈 히론도를 비롯해 데라오 도오루, 가나이 노부루, 마쓰자키 구라노스케 등이 "열렬히 구가씨의 말에 동의해 의론을 마침내 결정"했던 것이라 한다(도미즈 히론도『회고록』, pp.4-5). 일찍이 '북수남진론'자인 구가 가쓰난의 열렬한 권유에 의해 마쓰자키의 '남수북진론'이 공표되었다는 역사의 아이러니가 러시아의 만주 점령이 가져온 충격의 거대함을 무엇보다도 단적으로 보여주고 있다.

이를 전후로 가쓰난 자신의 주장도 종래 군비확장 반대론을 철회해 청일전쟁 이후의 군비확장 성과를 활용해 러시아를 압박하여 만주에서의 철병을 기도한다는 것으로 명백히 바뀌어 갔다. 즉 그는 1900년 9월 26일『일본신문』사설에서 "일본 정부의 방침은 본래 지나 보전에 있다. 하지만 만일 지나 정부가 반드시 보전을 바라지 않음이 명확함에는 일본 단독으로 그 보전을 도모할 수 없음은 물론이다"라고 '지나 보전론'의 철회를 주장하고 그 경우 일본의 방침으로 다음 세 가지를 들고 있다.

> 시세가 이에 이르면 일본은 북청의 군사를 모두 철회하고 돌아서서 남방 복건성 지역을 향해 타이완·펑후 신영지의 안위에 대비하고 열국과의 균세를 확보해야 하는가, 아니면 점차 북청의 병력을 증가시켜 한두 강국과 북방의 육해陸海에서 충돌해야 하는가, 아니면 물러나 조선 반도 옹호에 임하여 지나 대륙의 분할에 관여하기를 피해야 하는가"(『전집』제6권, p.565)

여기서 들고있는 세 가지 방침 가운데 첫번째와 세번째를 합치면 가쓰난이 2년 전까지 주창한 '북수남진론'에 가까운 것이 되지만 주목할 것은 이 사설에서 가쓰난이 오히려 두번째에서 러시아와 만주 문제로 다투기를 주장하고 있다는 점이다. 이 사설의 결론은 아래와 같다.

> 만주 지방 및 요해遼海 연안이 타국에 들어가는 것은 조선 반도의 안전을 해하고 나아가 일본 서부의 이익에 손해가 가는 일이다. 또한 이는 지나에서 열국의 균세를 훼손하고 따라서 동아 평화를 부수는 것으로 일본 제국이 반대하는 바이다. 요동 반환 이후의 군비확장은 무릇 이 이유에서 나온 것이다. 군비확장의 계획자는 지금에 이르러 이 이유를 취소할 수 없을 것이다. 그렇다면 열국이 지나 보전을 말하지 않는 바가 없는 오늘, 일본 여론이 군비확장 당시를 다시 생각하며 북청에서 벌어지는 한두 강국의 거동을 경계함은 당연하지 않겠는가.

한편으로 '지나 보전'이 불가능하게 된 경우의 세 가지 대책 가운데 첫째로 "점차 북청의 병력을 더하여 한두 강국과 북방의 해륙에서 충돌"한다는 방침을 들고 다른 한편에서 결론으로 "일본 여론이 군비확장 당시를 다시 생각하며 북청에서 벌어지는 한두 강국의 거동을 경계함은 당연하지 않겠는가"라고 한 것이다. 가쓰난에게도 이제 '지나 보전'인가 '지나 분할'인가에 상관 없이 러시아와 만주의 패권을 다투는 것이 중심적 과제로 파악된 것이다.

원칙 없는 '영토 확장론'으로

이같은 '지나 보전'을 위한 대러 전쟁론과 일본의 만주 진출을 내세운 대러 개전론이 사실상 구별하기 곤란해진 것을 가장 단적으로 보여주는 것이 앞서 마쓰자키 구라노스케와 관련해 소개한 「제대가 대외의견필기」이다. 이미 구가 가쓰난의 초안을 수정해 6박사 연명으로 제출된 건의서 자체가 한편으로 러시아의 만주 점령을 '지나 보전론'의 관점에서 비난함과 동시에 다른 한편에서 대러 결전을 "호기를 놓칠 수 없다. 제국 웅비의 단서를 여는 일은 실로 오늘에 있다"라는 형태로 위치짓는 것이지만 이 건의서에 이어 각자 명의로 공표된 「대외의견필기」를 읽을 때 비로소 양자의 차이점을 알 수 있다.

법과대학 교수 데라오 도루는 동문동종의 중일 양국을 중심으로 가능하다면 동남아시아에서 중근동에 걸친 반反 백인 대연합을 장래 목표로 하여 당면은 '지나를 보전한다'를 주장해 청일전쟁 이후 튼실히 진력해 온 군사력으로 만주를 점령한 러시아와 일전할 것을 주창했다(도미즈 히론도 『회고록』, pp.31-34). 이 데라오의 주장은 동인종 동맹론을 기저로 하고 있지만 단순히 '구미'의 침략으로부터 아시아를 지킨다는 소극적 의미의 아시아주의가 아닌 향후 대동아공영권 구상으로 이어지는 팽창주의로서의 대아시아주의이다. 또한 마찬가지로 법과대학 교수 가나이 노부루는 러시아의 만주점령에 이어 현재 '지나 보전'을 내걸고 있는 다른 열강도 재차 중국 분할에 편승하고 있기에 일본으로서는 그 상황을 선취해 "금일에 있어

제2장 청일·러일전쟁에 걸친 대외론

보전의 기치를 걸고 만주 분할을 주장하는 것이 가장 득책일 것이다"(도미즈 히론도 『회고록』, p.103. 강조는 인용자)라 논하고 있다.

또한 일찍이 고노에의 동인종 동맹론에 충고성 서한을 보낸 학습원대학 교수 나카무라 신고도 현재 세계의 정세로는 일본도 팽창하지 않으면 경제상 자멸한다고 보고 팽창의 방향으로는 "구라파에 손을 뻗치는 것이 아닌 실제 지나와 조선을 향해 손을 뻗어야 한다"고 논하였다. 6박사 가운데 가장 강한 주전론자였던 도미즈 히론도는 물론 "나는 만주를 취하면 좋을 것이라 생각한다"고 논하였다(도미즈 히론도 『회고록』, p.60·73).

이들 6박사의 대외론에서 분명하듯 의화단 운동에서 러시아의 만주 점령이라는 1900년의 동아시아 정세 변화 가운데 동인종 동맹론은 대동아공영권적인 것이 되고 '지나 보전'은 '만주 분할'의 기치가 되어 모두 팽창주의로 현저하게 이동했다. 어차피 똑같이 팽창정책을 주장해 만주 점령을 도모한다면 동인종 동맹론이라거나 만주 분할을 위한 '보전론'이라는 위선적 논의보다도 솔직한 만주 점령론이 한층 환영받게 되는 것은 합당한 이치일 것이다. 그러한 의미에서 이 즈음 도미즈 히론도의 발언은 특히 주목된다. 도미즈는 1901년 2월에 동아연구회에서 「영토확장론」이란 제하의 강연을 하고 다음과 같이 논하였다.

> 교통기관이 발달하고 무기도 예리하게 된 세상이므로 작

은 나라는 독립을 보전할 수 없음은 물론이다. … 너무 꾸물대고 있으면 일본같은 나라는 멸망할 것이 틀림없다. 꾸물거려선 안된다. 일본 주변의 조선을 보면 이는 불쌍한 나라로 독립을 잃은 상태, 현실적으로 잃어버린 것이라 말해도 좋을 정도다. 일본도 팽창하지 않으면 곤란하므로 이웃 조선과 같은 곳이 있다면 취할 도리밖에 없을 것이다. 도저히 이를 취하지 못한다면 러시아가 취할 것이 틀림 없다. 그리고 조선을 취할 경우 만주 또한 일본의 손에 넣지 않는다면 다소 성가시게 될 것이라 생각한다. 그렇다면 러시아와 일본은 이해가 상충하므로 러시아는 어떻게든 만주도 병탄하려는 생각을 품고 있다. … 이같은 상황에서 더 나아가면 일본과 러시아는 어떻게든 대전쟁을 하지 않으면 안된다"(도미즈 히론도『회고록』, pp.337–338)

여기에는 더 이상 '만주 보전론'조차 없으며 있는 것은 러일 양 제국주의 국가 사이의 조선·만주 지배를 둘러싼 이해 대립 논리뿐이다. 그러나 이같은 연설이『동아동문회보고』에 게재되어 있는 것은 동아동문회나 국민동맹회의 '지나 보전론'도 점차 이 도미즈의 방향에 가까워진 것을 보여준다 하겠다.

동아동문회 결성 이래의 중심 멤버인 다나베 야스노스케田鍋安之助는 1903년 6월에 기초한「만주처분관견管見」에서 "청·한 경영을 하고자 한다면 우선 만주에서 러시아인을 쫓아내야 한다"고 논하며 나아가 러시아와 싸워 만주에서 러시아인을 쫓아 낸 후의 조치로 진저우金州 반도, 뤼순·다롄만의 조차권을 일본이 거두는 것, 동청 철도를 일본이 갖는 것, 헤이룽장黑龍江

하류 지방을 일본에 할양시키는 것을 주장하였다(『고노에 아쓰마로 일기』별권, pp.366-369). 동아동문회의 다나베에게서도 더 이상 과거의 '지나 보전론'을 찾을 수 없다.

또한 일찍이 북수남진·러일협조를 주장한 『일본신문』조차 1903년 3월 사설에서 아래처럼 논하였다.

> 청국 또한 이미 만주 핵심 항구를 러시아에 조차하고 동청 철도 부설을 러시아에 허용한 이상 이 조차·허용의 시점에서 상당한 의무를 다른 열국에 진 것이다. 동아 대륙이 열국의 세력 균형을 필요로 하는 현시대에 있어 이상과 같은 사태는 단순히 러·청 양국 간에 한정된 사약私約이 아니고 동시에 열국 사이의 공사公事다. 특히 일본제국과 같이 이해 관계가 가장 깊은 나라에서 보자면 해당 지역을 향해 상당한 요구를 제기함은 본래 필요불가결한 일이다.(『전집』 제8권, p.67)

여기에도 더 이상 '지나 보전론'의 모습은 보이지 않는다.

2.4 청일·러일전쟁 사이의 대외론

이상을 통해 알 수 있듯 청일·러일 양 전쟁 사이에도 동아시아의 현상 유지를 구하며 러일협조를 주창한 '북수남진론'과 만주로의 진출을 도모한 '만주 보전론'으로서의 '지나 보전론'이라는 두 가지 타입의 대외론을 민간의 '대외경파' 주장 속에서 발견할 수 있다. 여기에 도미즈 히론도와 같은 '탈아론'적

2.4 청일·러일전쟁 사이의 대외론

만주 팽창론을 아우르면 1880년대 전반의 임오군란·갑신정변 시기의 대외론과 일대일 대응관계를 찾을 수 있을 것이다.

다만 청일전쟁 이후 얼마 동안 러일 관계는 조선 문제와 관련해서만 존재하고 만주 문제를 둘러싼 러일 대립은 1898년의 러시아에 의한 뤼순·다롄 조차 시점까지 등장하지 않았기 때문에 '북수남진'적 현상유지론과 '만주 보전'적 팽창론이 동시에 존재하는 사태는 없었다. 한편으로는 '북수남진론'이 현실성을 잃으면서 다른 한편으로는 '만주 보전론'이 역시 성립할 수 없었던 1898년부터 1900년까지의 중간적 단계가 있어 그 시기에는 남청 경영을 현실적으로 진행하면서 러시아의 뤼순·다롄 조차에도 항의한다는 동아동문회의 '지나 보전론'이 민간의 지배적인 대외론이 될 수 있었던 것이다.

의화단 운동을 계기로 발생한 러시아의 만주 점령과 함께 '남진론'적 현상유지론은 최종적으로 성립할 수 없게 되어 만주 진출을 포함한 '지나 보전론'이 등장하게 되는데 이같은 '지나 보전론'은 성립과 동시에 곧 '탈아론'에 자리를 양보하게 되었다. 임오군란·갑신정변 시기와 같이 청일협조론과 조선 개조론이 동시적으로 존재하고 게다가 그 각각이 상이한 원인에서 '탈아'적 주장을 전개해 나간 것과는 약간의 차이가 있었던 것이다. 이 두 시대 대외론의 상호 관계상 차이는 오로지 1895년 4월의 삼국간섭에서 1898년 3월의 러시아의 뤼순·다롄 조차까지의 3년간 만주 문제 공백 시대가 존재했기 때문이라 생각된다.

제2장 청일·러일전쟁에 걸친 대외론

 이 같은 두 시대의 대외론 구조가 어긋남에도 불구하고 우리는 다음과 같은 공통성을 적출할 수 있을 것이다. 즉 청일·러일 양 전쟁 사이의 10년 동안에도 대외론을 서양-동양 대립도식을 축으로 분류할 수는 없다는 점이다.

 1895년부터 1897년의 구가 가쓰난의 '북수남진론'=러일협조론이 1898년을 계기로 '지나 보전론'으로 바뀐 것을 구미협조주의에서 아시아주의로의 사상적 전환이라 생각하는 것은 불가능하다. 바뀐 것은 대외관이 아니라 대외론에 불과하다. 즉 러시아의 뤼순·다롄 조차로 인해 종래 조선을 둘러싼 러일 협상론이 유지될 수 없게된 것에 불과하다. 반대로 고노에나 동아동문회의 남청 지방 교육·문화활동은 확실히 아시아주의적 대외관에 기반한 것이라 할 수 있으나 이는 동아동문회의 대외론이 아시아주의였음을 의미하지 않는다. 그들은 청국에서의 문화·교육활동에 종사하는 한편으로 도미즈 히론도의 조선을 취하고 만주를 취한다는 의론에 박수를 보낼 수 있었던 것이다.

 일본의 대외정책과 직접적으로 관계없는 레벨의 활동이나 사상 신조에 관해서는 서양-동양 대립도식을 적용하는 것이 가능하다. 후쿠자와에게 있어서 조선 개조 이념이나 고노에의 청국 개조 사상을 이야기하는 것은 가능하나 이 사상들과 그들의 대외론과는 직접 관계가 없는 것이다. 대외정책과 직접 관계한 대외론 레벨에서 '탈아'주의적 대외론이나 '아시아주의'적 대외론을 운운하는 것은 역사 이해를 왜곡할 뿐이다.

2.4 청일·러일전쟁 사이의 대외론

대외론 레벨에서 말하자면 후쿠자와는 일관된 조선간섭·청일 대결론이며 구가는 '북수남진'→'지나 보전'→'만주 분할'로 상황에 따라 바뀌어 갔다. 『자유신문』의 청일협조론이 '탈아론'으로 바뀌는 것은 사상의 전환이 아니라 러시아의 조선 진출보다도 청국의 조선 탈환의 위험이 초미의 문제가 되었기 때문임에 불과하다. 구가의 러일 협상론이 '아시아주의'적인 지나 보전론으로 바뀐 것은 러시아의 뤼순·다롄 조차로 인해 러일 협상론을 조선 문제에 적용할 수 없었기 때문이지 구미 협조주의에서 아시아주의로 그의 사상이 변했기 때문은 아닌 것이다.

그렇다면 '탈아'주의라거나 '아시아주의'라고 하는 문제는 개인 혹은 특정 집단의 사상을 대외정책과 관계없이 대략 검토할 경우에 의미가 있을지 모르나 일본의 대외정책을 움직이는 대외론 분석으로는 전혀 도움이 되지 않는 것이다.

대외정책에 직접 영향을 주는 국민 각층의 대외론에 초점을 맞출 때 우리는 여기에서 동일 패턴의 대외론이 반복됨을 볼 수 있다. 물론 이미 서술한 바와 같이 메이지 10년대 후반과 메이지 30년대 전반은 대외 관계의 구조가 변화해가고 있기에 우리는 두 개의 높이가 다른 평면을 상정하지 않으면 두 시대의 대외론을 비교할 수 없다. 그러나 이 높이 조절을 해보면 청일협조론과 러일협조론, 조선 개조론과 만주 보전론을 거의 동일한 대외론으로 파악할 수 있다. 이 경우 청일협조론이나 조선 개조론이 어느정도 '아시아주의'적으로 보이고 러일협조론이나 만주 보전론이 얼마간 '탈아'주의적으로 보인다 할지라도 양자는 동일한 대외론인 것이다.

제 3 장

신해혁명 전후의 대외론

들어가며

앞장에서 검토한 청일·러일전쟁 사이의 대외론과 본장에서 다루고자 하는 러일전쟁 이후 대외론의 최대 차이는 만주 문제에 관해 중국 자체의 대응을 고려하지 않으면 안된다는 점이다. 청일·러일전쟁 사이에는 남청 경영론에서도 만주 진출론에서도 중국 자체의 반응이 특별히 고려되지는 않았다. 구가 가쓰난의 '북수남진론'이 막다른 골목에 다다른 것은 중국 자신의 태도에 의해서가 아니라 독일, 러시아의 교주만, 뤼순·다롄 조차였다. 동아동문회가 남청 경영론을 일단 잊고 조선·만주 문제에 전념하기에 이른 것도 중국 자신의 태도가 원인이 아니라 오로지 러시아의 만주 점령이 원인이었다. 이 시기 일본의 아시아 정책론은 온전히 러시아와의 관계에서 변화해 간 것이라 해도

제3장 신해혁명 전후의 대외론

과언이 아니다.

이에 반해 러일전쟁 후 일본의 대외론은 중국의 반응을 무시하고서는 논할 수 없게 되었다. 일본이 포츠머스조약(1905)과 청일만주선후조약(1905)에서 남만주의 특수권익을 러시아 및 중국으로부터 획득했기 때문에 이를 러시아뿐 아니라 중국으로부터도 지켜야 했던 것이다. 원로이자 원수인 야마가타 아리토모가 1907년 1월에 적절하게 기록하고 있는 것처럼 "스스로 러시아를 만주에서 물러나게 할 수 없는" 중국을 대신해 러시아와 싸운 일본이 전승 결과 "러시아를 북만주에서 철퇴시켰으나 대신 스스로 남만주 주인이 된 것같은 형세"에 대해 "청국은 또한 곧바로 의심하는 생각을 품고 자칫하면 곧 우리의 계획을 방해하고자 하는 기세를 보이는데 이르렀기" 때문이다(『야마가타 의견서』, p.304).

이같은 러일전쟁 후의 만주를 둘러싼 청·러·일 삼국 관계는 제2장에서 분석한 청일·러일 전쟁 사이의 그것보다도 오히려 제1장에서 검토한 메이지 10년대 후반 조선을 둘러싼 청·러·일 삼국 관계에 가까운 것이었다. 다만 임오군란·갑신정변 시기와 다른 한 가지는 당시 일본이 조선을 바라보며 품었던 아시아주의적 정열을 이 시기 만주에 관해서는 품고 있지 않았다는 점이다. 만주 그 자체에 대한 아시아주의적 정열이 확실한 형태를 갖는 것은 아마 1931년 발발한 만주사변 전후의 일일 것이다. 그러나 조선을 둘러싼 청일·러일 관계라는 면에 한정해 말하자면 러일전쟁 이후 만주를 둘러싼 청일·러일

관계와의 유사성은 상당히 강하다. 때문에 이 시기 대외론의 차이도 메이지 10년대 후반의 그것과 현저한 유사성을 보이고 있다.

대외론 구조에서의 유사성으로 가장 눈에 띄는 것은 중국의 강약 인식과 아시아주의적 대외론 및 탈아론적 대외론과의 관계이다. 즉 만주를 둘러싼 청일 관계가 긴박해지면 '탈아'적 주장이 강해지고 일본의 만주 진출에 대한 중국 측의 저항이 약화되면 아시아주의적 대외론이 표면에 등장한다는 점에서 임오군란·갑신정변 시기의 대외론 구조와 현저한 유사점이 보이는 것이다.

다만 이 두 시기의 외견적 차이라면 임오군란·갑신정변 시기에는 일본의 조선 진출에 대한 중국 측의 태도가 '온건軟'에서 '강경硬'으로 변해갔기 때문에 일본의 대외론도 아시아주의적인 것에서 탈아론적인 것으로 전환해 갔던 것에 반해, 러일전쟁 후에는 일본의 만주 지배에 대한 중국 측의 태도가 신해혁명을 경계로 '강경'에서 '온건'으로 바뀌었기 때문에 대외론의 전환은 메이지 10년대와는 역순서를 취해 탈아론적 대외론에서 아시아주의적 대외론으로의 전환이 보인다는 점이다.

다만 이에 관해서는 약간의 보충 설명이 필요할 것이다. 1911년 신해혁명부터 1차대전 발발 이후까지의 시기에도 중국 국내에서의 만주 탈환 요구는 결코 약해지지 않았다고 생각한다. 그러나 신해혁명 이후의 중국 국내의 남북대립은 일본의 만주 진출에는 극히 유리한 정세로 파악되어 신해혁명 이전

제 3 장 신해혁명 전후의 대외론

과 같이 청국의 권익 회수 요구를 경계할 필요가 일본에게는 없어졌고 반대로 만몽 권익 확충 요구 쪽이 강해졌던 것이다. 이 때문에 신해혁명 이전의 탈아론적 대외론은 신해혁명 이후 후퇴하고 오히려 육군이나 민간 대륙낭인의 아시아주의적 주장이 주류가 되었던 것이다.

이점과 관련해 또하나 부가해 두고자 하는 것은 1차대전 시기 대외론과의 관련이다. 1차대전 발발 직후에 21개조 요구의 원형이 육군에 의해 만들어질 때까지의 대외론은 본장에서 검토하는 것처럼 아시아주의적인 것이었다. 그럼에도 위안스카이 이후 어느정도 통일을 회복한 중국은 강렬하게 저항했다. 이는 흡사 신해혁명 이전 청조 지배하의 중국이 일본에게 끊임없이 만주 권익 회복을 요구해온 것과 마찬가지다. 이러한 가운데 육군이나 민간의 유지有志 사이에는 '탈아론'적인 대외론이 재차 주류가 되어 위안스카이 배척 정책으로 결실맺는다. 그럼에도 위안스카이가 황제帝位 취임에 실패해 중국에 다시 남북 항쟁의 양상이 나타나기 시작하자 일본의 중국 정책은 재차 아시아주의적 색채를 띠기 시작했던 것이다. 이 관계는 신해혁명 전후의 탈아론적 대외론에서 아시아주의적 대외론으로의 전환과 완전히 동일하다.

마지막으로 이상에서 탈아론적 대외론, 아시아주의적 대외론이라는 단어를 사용해 설명해 온 것은 전적으로 편의 이상의 어떠한 의미도 없음은 이미 제1·2장을 읽은 독자에게는 명확할 것이다. 본장에서도 일본의 대외론을 탈아-아시아주의 축으로 이해하는 것의 무의미함을 밝히는 것이 하나의 중심과제다. 본장에서도 중일 제휴론적 대외론이나 탈아론적 대외론이라는 것을 그 표면적 주장에서가 아닌 그것이 주창된 상황과 관련해 파악하는 것으로 그 실상에 다가선다는 과제는 제1·2장과 공통된다.

3.1 야마가타 아리토모의 탈아론적 대외론

중국을 멸시해서는 안 된다!

메이지유신의 원훈元勳이자 육군 최대 실력자인 야마가타 아리토모는 러일전쟁 종료부터 신해혁명에 걸친 시기에 '탈아론'적 대외론을 가졌으나 1차대전 발발 이후 일관되게 '아시아주의'적 대외론을 주창했다. 야마가타는 1906년 10월에 상주한「제국국방방침사안帝國國防方針私案」에서 전후에 작전 계획의 주요한 적으로 삼아야 하는 것은 "러시아뿐으로 다른 구주 강국은 적으로 이를 대비할 필요 없다"고 하였는데 동시에 "러시아에 이어 적으로 삼아야 할 청국이 존재함"을 잊어서는 안된다고 강조하며 다음과 같이 논하였다.

> 우리가 러시아와 전쟁하여 이를 격파하자 종래 러시아를 가장 두려워했던 청국은 갑자기 백색인종을 가벼이 보는 뜻이 생겨남과 동시에 자력으로 독립을 유지하고자 함을 자각해 이권 회복론은 이르는 곳마다 소리를 높이고 수구 교주膠柱1)를 특색으로 하는 북경 정부도 지금은 입헌

---

1) 기러기발을 아교로 붙인다는 뜻으로 고지식하고 융통성이 없음을 의미

제 3 장 신해혁명 전후의 대외론

> 을 장래에 약속하는 상유를 내려 관제 개혁의 논의가 무르익은 상황이다. 금후 만일 능히 조세제도를 개혁하고 병제를 건립하기에 이르러서는 반드시 무시할 수 없는 적이 될 것이다"(『야마가타 의견서』, p.294)

이 중국 인식은 7년 전 야마가타의 "청국은 저 유태인종과 같이 나라가 멸망하고 인종만 남는 정황을 볼 것이라 단정할 수 있다"(『야마가타 의견서』, p.252)라는 인식과는 정반대인데 23년 전「대청 의견서」의 중국 인식과는 대부분의 점에서 유사하다. 즉 야마가타는 1883년 6월 의견서에서는 청국의 육해군이 충실함을 지적하고 "저들이 무비武備가 충실해지고 내치가 다소 안정되면 혹 기회를 틈타 동양에 강한 힘을 과시하며 일본에 분노를 드러낼 모략을 세우는 자가 또한 있을지 모른다"(『야마가타 의견서』, p.137)라고 논하였다.

1883년의 이같은 대중국 경계가 조선 지배를 둘러싼 중국의 반격을 두려워한 것이었던 것처럼 1906년의 대중국 경계는 일본의 남만주 권익에 대한 중국의 반환요구를 두려워한 것이었다. 즉 "그들은 우선 만주에서 우리 권익 방해를 시도하고 마침내 격렬한 충돌을 야기할 우려가 있다. 특히 관동 조차기한의 만료[2])에 이르러서는 저들은 반드시 우리에게 철퇴를 요구할

함, 교주고슬(膠柱鼓瑟).

2) 러일전쟁 승리를 통해 관동주(뤼순·다롄)의 조차권을 러시아로부터 이어 받았으나 애초 러시아가 이 지역에 대한 조차를 25년 기한으로 했기에 1923년에 조차기한이 만료될 예정이었다. 이후 1차대전 시기 일본이 중국에 강요한 21개조 요구를 통해 이 지역의 조차 기한을 99년으로 크게 늘리게 된다.

3.1 야마가타 아리토모의 탈아론적 대외론

것이다. 그런데 우리는 본래 이를 받아들일 수 없기에 담판 교섭이 끝나면 마침내 교전에 이르게 되지 않으리라 보장할 수 없다"라고 했다(『야마가타 의견서』, pp.294-295).

중국의 정치·군사적 역량에 대한 야마가타의 인식이 이처럼 매번 변화한 것은 물론 중국 자체의 변화에 의한 것이 크지만 조선을 둘러싼 혹은 만주를 둘러싼 중일 관계가 긴박해진 것이 역으로 중국의 역량을 과대하게 표현하는 경향으로 이어진 감도 있다. 앞서 본 1898년 중국의 역량에 대한 낮은 평가는 이 시기 일본과 중국 사이에 조선 문제를 둘러싼 경합 관계는 이미 사라지고 또한 만주 문제를 둘러싼 중국의 당면한 '늑대'는 러시아이지 일본은 아니었던 것과도 관계가 있다.

일본의 남만주 권익 유지에서 중국이 '무시할 수 없는 적'이라 인식되는 동안은 야마가타의 대외론이 현저하게 '탈아론'적 색채를 띤다. 아시아의 유색인종국 일본이 유럽의 대국 러시아를 쳐부순 것이 아시아 각국의 내셔널리즘과 국내 개혁의 자극이 된 것은 확실하나 야마가타에게 이같은 경향은 일본제국의 만주 권익 확보에서 바람직하지 않았다. 그는 이듬해인 1907년 1월 사이온지[3] 수상 앞 의견서에서 다음과 같이 말하였다.

> 일본이 러시아와 싸워 대승을 거둔 것은 실로 청국의

---

[3] 사이온지 긴모치(西園寺公望, 1849~1940)로 공가(귀족)·정치가·교육가이다. 정우회 총재가 되어 1906~1908년, 1911~1912년 두 차례에 걸쳐 내각총리대신을 역임했다.

제 3 장 신해혁명 전후의 대외론

> 인심을 각성시켜 백인에 대해 감히 고개 숙이지 않는 사고방식을 낳게 하고 따라서 더더욱 이 이권회수열을 선동하게 한 것과 같다. 무릇 일본이 구주 강국과 싸워 승리를 얻음은 결코 유색인이 백색인보다 강함을 증명한 것이 아니다. 오히려 구주 문명의 세력이 위대하고 이를 잘 습득한 유색인이 문명의 조류에 뒤쳐진 백색인에 승리한 것을 증명한 것에 다름아닙니다. 그러나 사려도 지식도 없는 유색인의 다수는 아직 이를 깨닫지 못하고 오직 생각하기를, '일본인도 유색인이고 우리들도 유색인이다. 일본인이 세계 최강국인 백색인과 싸워 공전의 대승리를 거둔 것을 보았으므로 우리도 결코 백색인이 제멋대로 날뛰는 것을 묵인할 이유는 없다'고 한다.(『야마가타 의견서』, p.304, 강조 필자)

여기서 분명하듯 야마가타는 러일전쟁을 백색인종과 유색인종의 전쟁으로 위치짓는 '아시아주의'적 이해를 배척하고 문명과 문명의 전쟁으로 위치짓는 '탈아론'적 이해를 전개하고 있다. 그리고 야마가타가 이같은 러일전쟁의 해석을 강조한 최대 이유는 러일전쟁에서 일본의 승리로 각성된 중국 내셔널리즘이 일본에 대해서도 명백히 "조금도 관용의 모습이 없음"에 "만주에서 우리의 경영에 대해서는 이르는 곳마다 반대와 방해를 시도"하고 있기 때문이리라.

일반적으로 일본인의 '탈아론'적 주장은 아시아에 대한 신뢰 부족이나 멸시에서 나온 것이라 생각하지만 메이지 10년대의 후쿠자와 유키치나 메이지 40년대의 야마가타에게 공통된 점은 '탈아론'적 주장이 '중국을 무시할 수 없다'는 인식에서

3.1 야마가타 아리토모의 탈아론적 대외론

나왔다는 것이다.

만주문제에 관한 러일 협상론

중국의 만주 권익 탈환 움직임을 두려워 한 야마가타는 만주 문제에 관한 러일 협상을 주장한다. 즉 "일본과 러시아는 만주 문제를 위해 대전쟁을 치르기는 했지만 평화조약의 결과 우리는 만주에 근거하고 저들은 북만주에 근거하게 되어 지금은 함께 만주 경영에 종사하기에 이르렀다. … 러시아가 갑자기 재차 남하를 꾀하는 일이 없고 우리가 갑자기 북진을 획책하지 않으면 쌍방 사이에 심한 이해 충돌을 볼 우려가 없으므로 상호 협동을 요한다"(『야마가타 의견서』, p.306)라고 한 것이다.

이같은 야마가타의 러일 협상론이 러일 양 제국주의국의 협조에 의해 중국의 반환 요구로부터 만주 권익을 지키고자 한 것이었음은 1909년 4월에 그가 가쓰라 다로^{桂太郎} 수상, 고무라 주타로^{小村壽太郎} 외무대신, 데라우치 마사타케^{寺內正毅} 육군대신 등에게 제출한 「제이^{第二} 대청정책^{對淸政策}」에 의해 한층 명백해 진다. 즉 "무력으로 청국을 위압함은 곧 최후의 수단으로 목하 방책으로는 마땅히 러일 협약을 이용해 러시아와 협의·숙담하여 서로 제휴해 청국이 양보·타협하도록 꾀해야 한다"고 하였다(『야마가타 의견서』, p.313).

야마가타의 이같은 대중국 경계를 기축으로 한 러일 협상론은 중국의 국내 정세에 관한 그의 이해와도 관계된다. 그는 청조 정부가 위로부터의 입헌제 이행에 의해 국내 안정화에 성

제3장 신해혁명 전후의 대외론

공할 것을 두려워했다. 그는 중국에서 '헌정의 발달'을 본다면 중국에서 "이권회수열은 점차 맹렬하게 된다"고 생각했던 것이다. 그는 이같이 중국 국내의 안정과 이권회수열의 증대라는 인식을 신해혁명 발발 직전까지 가지고 있었다. 1907년 7월말의 의견서에서도 "청국의 장래는 종종 알 수 없지만 중앙정부의 권력과 신용은 일찍이 왕왕 세간에서 상상하는 것처럼 심각히 실추해 있지는 않은 것같다. 즉 금후 수년 내에는 의회 개설이 원만히 이루어져 정치경제 모두 크게 면목을 개선하기에 이를지도 모른다"(『야마가타 의견서』, p.335)고 기술하였다.

이상에서 명백하듯 러일전쟁 후 신해혁명에 이르는 약 6년간의 야마가타의 대외론은 거의 일관되었다. 그는 한편으로 러시아의 보복을 경계하고 러시아를 가상 적국으로 한 육군 군비확장의 필요를 줄곧 제창했지만 동시에 그 이상으로 일관되게 중국의 만주 탈환 움직임을 경계했다. 그는 중국의 육해군 재편을 경계했을 뿐 아니라 예상되고 있던 청조의 붕괴가 좀처럼 실현되지 않고 역으로 청조의 손에 의한 위로부터의 입헌제 이행이 실현될 듯한 정세를 우려했다. 중국에서 위로부터의 근대화가 성공해 국내 통일이 유지되면 일본의 남만주 권익이 위협받는다고 생각했기 때문이다.

3.2 야마가타 아리토모의 아시아주의적 대외론

'중일 친선'으로의 경도

제1절에서 검토한 것처럼 러일전쟁에서 1911년 신해혁명 직전까지 야마가타의 대외론의 기조는 청일 양국 사이의 이해관계를 대립 관계로 파악하는 것으로 여기에는 이른바 '아시아주의'적 측면은 전혀 발견되지 않는다. 그런데 약 3년 후에 1차대전이 발발하자 야마가타의 대외론은 현저히 아시아주의적 색채를 띠게 된다. 1914년 8월에 야마가타는 오쿠마 수상, 가토 다카아키加藤高明 외무대신, 와카쓰키 레이지로若槻禮次郞 대장대신 세 명 앞으로 보낸 의견서에서 다음과 같이 논하였다.

> 구주의 이번 대란이 종식되어 구주 대륙의 정치 경제가 질서를 회복한 후에 각국이 재차 동양의 이권에 주목하는 날은, 어쩌면 백인과 유색인과의 경쟁이 급격해지고 백인은 모두 합쳐 우리 유색인의 적이 될 때일지도 모른다. 지금 동양에서 유색인종으로 독립 국가를 형성한 것은 요컨대 일본과 지나에 불과하다. … 때문에 동양에서 유색인종으로 이른바 문명 진보한 백인종과 경쟁해 수천년래의 역사를 보존하고 국가 독립을 유지해 백인으로하여금 대등 민족으로 친교하게 하기 위해서는 동색동문인 중일 양국이 서로 친선해 서로 그 이利를 높이고 해害를 없애지 않으면 안된다." (『야마가타 의견서』, pp.342-343)

이 의견서를 읽으면 곧바로 약 30년 전인 1882년 10월 이와쿠라 도모미의 의견서를 상기하게 될 것이다. 야마가타가 '지금

제3장 신해혁명 전후의 대외론

동양에서 유색인종으로 독립 국가를 형성한 것은 요컨대 일본과 지나에 불과하다'고 강조했다면 이와쿠라는 '오늘 아시아 나라들 가운데 겨우 그 독립의 권리를 온전히 하고 있는 것은 오직 우리와 청국뿐'이라 기술했다. 야마가타가 '이른바 문명이 진보한 백인종'과의 대항을 주창했다면 이와쿠라는 '서래의 광란을 영원히 막는' 것을 목적으로 강조하고 있다. 그리고 이 양자의 공통 과제를 완수하기 위한 방편으로 야마가타가 '동색동문인 중일 양국'의 친선을 주창했다면 이와쿠라는 '입술과 이처럼 서로 기대어 독립의 제방을 견고히' 할 필요를 강조했던 것이다.

혹은 또한 이 야마가타의 '중일 친선론'과 약 16년 전의 공작 고노에 아쓰마로의 '동인종 동맹론'과의 현저한 유사성을 주시하는 사람도 있을 것이다. 야마가타가 '백인은 모두 합하여 우리 유색인의 적이 된 때'가 근접해 있음을 강조해 '중일 친선'을 주창한 것처럼 고노에 아쓰마로는 '최후의 운명은 황백 양 인종의 경쟁으로 이 경쟁 하에서는 지나인도 일본인도 모두 백인종의 구적仇敵으로 인정되는 지위에 설' 때가 도래함을 예상해 역시나 '중일 친선'의 필요를 강조했다.

이같이 약 15년 씩 떨어져 우대신 이와쿠라 도모미, 공작 고노에 아쓰마로, 원훈 야마가타 아리토모가 극히 유사한 '중일 친선'론을 주창한 것을 본다면 근대 일본에 일관된 아시아주의적 대외관의 전통에 관해 이야기하고 싶어지는 것은 자연스러운 일이리라.

● 3.2 야마가타 아리토모의 아시아주의적 대외론

그러나 우리는 이미 앞절에서 러일전쟁 종료부터 신해혁명에 걸친 5년 간에 야마가타가 쓴 일련의 의견에서는 이같은 아시아주의적 '중일 친선론'은 전혀 보이지 않고 야마가타는 오히려 이와 정반대의 '탈아론'형 대중국 정책을 일관되게 주장한 것을 알고 있다. 그 때문에 '탈아론'형 대외론도 '아시아주의'적인 그것도 야마가타 자신의 '사상'이 아니라 상황적 발언인 것은 분명하다. 그러나 '상황'과 완전히 무관한 '신념'만이 사상이라고는 할 수 없다. 야마가타의 두 상황적 주장 속에 내적 연관이 있다면 그것으로 야마가타의 대외사상이라 해도 좋은 것이다. 그렇다고 한다면 두 시기의 야마가타의 정반대의 대외론의 내적 연관은 어떻게 설명할 수 있을까.

야마가타는 왜 '탈아론'에서 '아시아주의'로 변했는가

이 문제에 들어가기 전에 신해혁명, 1차대전 시기 야마가타의 아시아주의적 대외론을 조금 그러모을 필요가 있을 것이다. 신해혁명 이전 야마가타의 '탈아론'형 대외론에 관해서는 이미 제1절에서 본 것처럼 수년간에 걸친 몇 점의 의견서에서 그것이 어느 정도 그의 일관된 주장임은 밝혔으나 그의 '아시아주의적' 주장은 단지 하나의 의견서만으로 이 시기 그의 일관된 주장이라고 단정할 수 없기 때문이다.

야마가타는 1915년 2월 오쿠마 총리에게 보낸 의견서에서도 "황백 양 민족의 싸움"에 관해 언급하고 있는데(『야마가타 의견서』, p.246), 이 의견서의 골자는 일본만으로는 '백인 연합'

제3장 신해혁명 전후의 대외론

에 의한 1차대전 후의 중국 분할 형세에 저항할 수 없기에 "백인 연합의 기세를 미연에 예방"하기 위해 러일 협상의 강화가 필요하다는 점에 있었고 '중일 친선'론 자체를 전개한 것은 아니다.

다만 이 의견서에서 주목해야 할 점은 일찍이 중국의 이권 회수 요구에 대항하기 위해 주창되었던 그의 러일 협상론이 지금은 '백인 연합'이 가져 올 중국 진출에 대한 방파제로서 위치지어져 있다는 것이라 하겠다. 바꿔 말하면 입론의 방식은 정반대이나 구체적인 대외정책으로 보자면 그가 러일 협상론자인 것에는 어떠한 변화도 없는 것이다. 지금 여기에서 문제 삼고자 하는 것은 이 수준의 논의, 즉 대외정책과 그 이데올로기의 관계는 아니지만, 대외사상의 안이한 취급 방식에 대한 비판으로 이 점에 관해서도 언급해 두고자 한다.

그런데 편지 등으로 알 수 있는 야마가타의 단편적 대외론을 별도로 한다면 정리된 형태의 야마가타의 대외론을 알 수 있는 자료는 이후 1918년까지 존재하지 않는다. 이에 어느 정도 간접적인 사료에 의지할 수밖에 없다. 야마가타의 대중국 정책론이 드러난 간접적인 사료는 실업가로 야마가타의 지우이자 고준샤交詢社[4] 멤버 다카하시 요시오[5]의 일기인 『만상록萬象錄』

---

[4] 1880년 후쿠자와 유키치가 주창한 일본 최초의 실업가 사교클럽이다. 게이오의숙 동창회 소속 인물이 중심이지만 그 사람들로 한정되지는 않았다.

[5] 다카하시 요시오(高橋義雄, 1861~1937)는 실업가, 다도인이었다. 『시사신보』기자를 지내고 미쓰이 은행, 미쓰이 물산에서 일했다. 은퇴후 다도에 빠져 여러 저서를 남겼다.

3.2 야마가타 아리토모의 아시아주의적 대외론

이 있다.

『만상록』1915년 5월 14일 항목에는 메지로目白 춘산장椿山莊6)에서 야마가타를 면회하고 들은 이야기로 다음과 같이 기록되어 있다.

> 본래 중일 관계는 실로 명백한 일로 우선 위안스카이에게 이를 이야기함에는 금일 세계 각지에서 일어나는 전쟁은, 원인은 어찌되었든 대세로 보자면 인종 문제이다. … 아시아 문제를 해결하는 데에도 역시 인종 문제를 생각해야 한다. 그리고 현재 아시아에 나라를 세우고 있는 것은 지나인과 일본뿐 아닌가. 이 두 나라가 아시아 전국全局을 지배하는 외에 길은 없는 것 아닌가. 결국 아시아인은 아시아에서 살아간다는 것을 전제로 만사를 해결해야 하는데 일본은 섬나라이다. 섬나라만으로는 도저히 생존할 수 없다. 어떡해서든 만주 등에서 일본의 발전을 구하지 않으면 안되므로 결국 아시아인으로 대륙에 자리잡을 필요가 있다. 지나는 일본이 만주에 발들이는 것을 좋아하지 않을지도 모르나 가령 러시아가 만주에 들어 왔을 때 일본이 그와 싸워 쫓아내지 않았다면 북경조차도 금일 지나의 영토는 아니게 될 것은 실로 뻔한 이치가 아닌가. 일본이 자국을 위해 또한 자국민 발전을 위해 대륙에 들어온다 함은 결국 아시아에 산다는 주의에서도 또한 이 주의를 실행해 중일 양국 모두 생존을 온전히 하기 위해서도 모두 필요한 문제이지 않은가.

---

6) 야마가타 아리토모가 1878년 지은 저택. 천황을 비롯해 당시 정재계의 중진을 초대해 춘산장에서 국정에 관한 회의가 열리기도 했다. 현재는 호텔로 사용되고 있다.

제3장 신해혁명 전후의 대외론

이 사료는 여러 의미에서 중요하다. 첫째로 사료의 전반부에서 야마가타는 앞서 본 1914년 8월 황색인종 동맹론적인 '중일 친선'론을 1915년 5월에도 주장했던 것을 알 수 있다. 둘째로 사료의 후반부부터 그의 '아시아주의'적인 '중일 친선'론의 내용을 알 수 있다. 즉 야마가타의 '중일 친선'론이란 '일본이 자국을 위해 … 대륙에 들어온다'는 것을 중국의 지배자 위안스카이가 인정케 하는 것이었다. 심지어 앞절에서 서술한 러일전쟁 이후 야마가타의 대청 정책론에서와 마찬가지로 그는 '지나는 일본이 만주에 발들이는 것을 좋아하지 않을' 것이라 알고 있었다.

그렇다면 1차대전의 발발 이전과 이후에,[7] 야마가타 대외론의 내용은 만주 권익의 유지·확대와 이를 위한 러일 협상의 중시라는 점에서 전혀 변화를 보이지 않는 것이다.

다만 두 시기의 야마가타 주장에 근본적인 변화가 있음은 인정하지 않을 수 없을 것이다. 즉 신해혁명 이전에 야마가타는 만주 문제에 관해 중국을 설득할 가능성을 거의 인정하지 않고 오로지 제국주의 국가로서 만주 권익의 유지에 공통이해를 가진 러시아와의 협상으로 중국을 억누르려고 한 것에 반해 1차대전 발발 이후에는 중국의 정통 정권인 위안스카이 정권에 일본의 남만주 권익 유지뿐 아니라 확대까지 납득시키고자

---

[7] [원주] 후술하듯 야마가타에게 전환의 첫째 계기는 신해혁명이었다 생각된다. 하지만 신해혁명에서 1차대전의 발발에 이르는 3년 사이에 야마가타가 쓴 정리된 주장이 발견되지 않기에 신해혁명 이전과 이후로 그의 대외론을 나누는 것은 일단 유보하고자 한다.

생각한 점이다. 그리고 이러한 차이점이 1차대전 이전 시기 그의 대외론이 '탈아론'형으로, 1차대전 이후 시기의 그것이 '아시아주의'적인 것으로 나타난 원인인 것이다.

그러므로 일본의 만주 권익을 바라보는 중국의 태도에 관한 야마가타의 인식변화가 무엇에 의해 야기된 것인가를 이해할 수 있다면 그가 '탈아론'적 대외론에서 '아시아주의'적 대외론으로 논의 구성을 바꾼 이유도 이해할 수 있게 될 것이다. 그리고 이 해답은 앞절 및 본절에서 봐 온 야마가타 자신의 말 속에 이미 제시되고 있다.

하나의 가설

이미 서술한 것처럼 야마가타는 신해혁명 이전까지 청조가 위에서부터 주도하는 입헌제 이행 성공을 가장 두려워했다. 달리 말하면 그는 중국에서 혁명 발발에 기대를 걸었던 것이다. 그러나 그는 신해혁명 발발 시에는 청조 옹호를 주장하고 청조의 붕괴 후에는 위안스카이 정권 원조를 주장하며 혁명파에 전혀 동정을 보이지 않았다. 그 이유로 그의 보수적 정치사상을 들 수 있지만 그것만으로는 야마가타가 신해혁명 이전에는 혁명 발발을 기대했던 점을 설명할 수 없다.

이 점에 관해 주목할 만한 것은 신해혁명 이후에 야마가타가 원조하고자 한 청조나 위안스카이 정권이 취약했다는 점이다. 이들 정권은 이전의 청조 정부와 달리 끊임없이 혁명파 세력의 대두나 일본의 혁명파 원조를 경계해야 했다. 통일된 중국의

제3장 신해혁명 전후의 대외론

이권 회수 요구에 대해서는 '아시아주의'적 '중일 친선론'을 주창할 여유는 없지만 국내 분열에 곤란해 하던 중국에 대해서는 '중일 친선론'에 의한 만주 권익을 유지·확대할 수 있다 생각하기에 이른 것이다.

이 점에서 이미 제1장에서 검토한 후쿠자와 유키치의 대외론 변화와 야마가타의 그것 사이에는 현저한 유사성이 보인다. 후쿠자와에게 청국이 약하다는 인식이 있는 동안 그의 조선 개조론은 구미열강의 아시아 침략에 대해 일본이 '조선·지나'를 이끌어야 한다는 형태로 전개되었다. 그리고 임오군란 이후 후쿠자와가 '강한 청국' 인식이 커지면서 '아시아주의'적 요소가 감소해 가고 마침내 '탈아론'을 주창하기에 이르렀다. 야마가타와 후쿠자와의 차이는 후쿠자와가 '약한 청국'의 인식에서 '강한 청국'의 인식으로 변했기 때문에 '아시아주의'적 주장에서 '탈아론'으로 전환한 것에 반해 야마가타의 순서는 그 정반대였다는 점뿐이다.

이로부터 우리는 하나의 가설을 세워 볼 수 있다. 즉 일본의 아시아 팽창에 대한 중국의 저항이 강할 때는 일본의 아시아 정책이 '탈아론'적으로 정당화되고 약할 때에는 '아시아주의'적 색채가 강해진다고 할 수 있지 않을까. 물론 이같은 일반화로 이어지기에 본서에서 다룬 사례는 너무 적고 또한 다루는 시기도 매우 짧다. 그러나 역사학 이론이란 것이 과거의 위대한 역사가에 의해 이미 전부 주어졌고 우리는 이를 적용하는 것으로는 충분하다고 보지 않는 이상, 우리는 사례 연구에서 일반적 가설을 세우고 그 가설을 다음 연구에서 수정한다는 그 끝없는 반복을 두려워해서는 안 될 것이다.

육군 및 대륙낭인의 혁명 원조론

그런데 이같은 야마가타의 청조 옹호·위안스카이 원조론이 그의 완전한 세력하에 있었다 여겨져 온 육군에서 반드시 지지받았던 것은 아님이 최근 신자료 발굴과 연구의 진전 속에서 점차 밝혀지고 있다. 가령 최근 간행된 「우에하라 유사쿠 관계 문서」에 의해 신해혁명기 혁명파를 원조해 중국 내부 분열을 촉진하고 적당한 시기를 살펴 일본이 양자의 중개에 서서 "만주족과 한족을 남북 두 나라로 분립"시켜 "그 대가로 유리하게 만주 문제 등을 해결"한다는 주장이 육군 참모본부 내에 있었던 것을 알 수 있다.[8] 이 주장은 중국 본토는 한족 혁명파가 장악하게 하고 혁명파에게 내쫓긴 청조에 신국가를 만들게 해 만주 문제를 유리하게 해결하고자 한다는 주장이라 생각해도 좋을 것이다.

신해혁명 당시 민간에서 활동한 이른바 대륙낭인의 혁명 원조론에도 이 참모본부 내부의 주장과 마찬가지의 주장을 발견할 수 있다. 가령 1911년 12월 오가와 운페이小川運平가 기초한 「대지나 정책 요강」이라는 제목의 의견서는 "일본인 각자로서는 극력 혁명군을 원조하고 의협義俠의 이름 하에 야마토

---

[8] 「우에하라 유사쿠 관계문서(上原勇作關係文書)」東京大學出版會, 1976, pp.55-57. 우쓰노미야 다로(宇都宮太郞) 참모본부 제2부장 의견.

제3장 신해혁명 전후의 대외론

민족의 기개를 보여야 한다"고 혁명파 원조론을 전개하고 있다. 그러나 이같은 원조에 의해 "시국이 진전進轉하여 혁명군이 북경을 압박"하는데 이를 때는 "일본은 맹렬히 궐기해 만주 황제를 옹호하고 열하로 달려가 츠펑赤峯9)에 수도를 세워 이곳에 한 국가를 이룬다"는 것이 오가와 운페이의 주장이었다.10)

또한 당시 이른바 대륙낭인의 중심적 인물이었던 우치다 료헤이內田良平의 만몽 독립론은 쑨원 등 혁명파의 원조도 위안스카이 원조도 모두 물리치고 "종사당宗社黨11)으로 하여금 만몽 한 구역에 독립 왕국을 건설함을 묵인한다면 우리 황실의 애신각라씨를 대하는 정의情誼를 온전히 하고 우리 제국의 권역인 요동·만주 경영과 국방상의 시설을 안고安固히 해 아울러 남지나 각 방면에서 열강의 경제, 군사 양면의 형세를 견제"할 수 있다는 것이었다.12) 다만 우치다의 이 만몽 독립론은 위안스카이에 의한 쑨원 등 혁명파의 진압이 이루어진 이후의 일로 우치다가 신해혁명 시기 혁명파 원조의 입장에 서서 '혁명군의 승리를 희망'하고 있었던 것은 잘 알려져 있다(『대국민大國民』 41호, 1911년 11월 1일, p.14).

---

9) 중국 내몽골자치구 동남부에 위치한 도시.
10) 오가와 헤이키치(小川平吉) 문서연구회 편, 「오가와 헤이키치 관계문서」 2, みすず書房, 1973, p.58.
11) 청 선통제(푸이) 말기에 조직된 결사. 청 황실의 종묘사직의 보호·유지를 주장하며 1912년 1월 선통제 퇴위 반대운동을 위한 비밀 활동을 개시했으나 같은해 선통제가 퇴위하며 해체되었다.
12) 「오가와 헤이키치 관계문서」 2, p.69. 1913년 7월 26일, 야마모토 수상에게 보낸 서신.

3.2 야마가타 아리토모의 아시아주의적 대외론

이들 참모본부의 일부나 민간의 이른바 대륙낭인들의 위안스카이 배척, 혁명파·종사당 원조론도 만몽 권익 확장을 목적으로 한 것이었던 점에서는 야마가타의 위안스카이 원조론과 다르지 않았지만 야마가타는 이같은 혁명 원조론이나 만몽 독립론에 대해서는 일관되게 비판적이었다. 앞서 소개한 1914년 8월 의견서에서 야마가타는 민간의 대륙낭인이나 신문기자 등의 혁명 원조론을 비판하고 다음과 같이 기술했다.

> 돌아보건대 제국이 대중국 정책을 게을리하고 잘못한 지 이미 오래되었다. 전년 혁명난이 우창武昌·한커우漢口에서 시작되었을 때 제국 정부는 애신각라씨에 힘을 빌려주어 이를 진정하지 않았다. 또한 위안스카이에게 호의를 보여 후일을 도모하길 생각하지 않았고 좌고우면左顧右顧하며 스스로 결정할 수 없는 사이에 청조는 멸망해 중화민국이 일어나 위안스카이는 어찌되었든 대총통으로 민국 정권을 장악하기에 이르렀다. 이 사이 제국의 글쟁이들은 깊이 혁명당에 동정하며 이와 통모해 청조를 판 위안스카이의 불충불의를 증오하고 공연히 이를 배격해 오직 쑨원·황싱[13]에 가담하는 상황이다. 제국 정부는 이를 방임해 조금도 검속檢束하지 않은 결과 제국 정부와 민국은 지나의 남부·북부에서 모두 신용을 잃고 마침내 위안스카이로 하여금 우리를 경시하게 만들었다. (『야마가타 의견서』, p.341)

---

13) 황싱(黃興, 1874~1916)은 청말민국 초기 활동한 혁명가, 군인, 정치가다. 쑨원과 함께 국민당 창당의 주요 일원이자 중화민국 초대 총사령관이었다.

제3장 신해혁명 전후의 대외론

야마가타의 이같은 대륙낭인의 혁명 원조론에 대한 비판은 이 이후에도 일관되었다. 그는 1916년 1월에도 다카하시 요시오에게 "세상에 지나고로支那ゴロ14)라 칭하는 자가 있다. 그들은 전제前提하기를 위안스카이는 간사한 자로 그가 제위에 오르게 할 수 없다고 말하며 어찌되었든 지금의 주권자를 타도하지 않으면 안 된다고 한다. 그렇지만 그들의 목적을 달성하기까지는 지나에서 비상한 소란을 각오하지 않으면 안된다. 현 정부가 자칫 저들 때문에 움직이게 되어 그 방침을 정할 때에 동요를 피할 수 없음은 말할 가치도 없는 일이다"고 하였다(『만상록』 1916년 1월 10일). 나아가 야마가타는 1월 26일에도 "근래 지나고로라 칭하는 자가 있어 오다케 간이치大竹貫一·우치다 료헤이 등이 주요 인물인데 오자키 유키오尾崎行雄 등도 함께 하여 이런저런 운동을 하고 있다 하니 내 밑에도 다양한 협박적 의미를 가지고 문통文通하는 자가 얼마나 될지 알지 못한다" (『만상록』 1916년 1월 26일)하여 이른바 대륙낭인의 행동을 비판하고 있다.

그런데 이미 기술한 바처럼 이같은 이른바 대륙낭인의 주장과 행동은 보통 야마가타의 완전한 통제하에 있다고 상정된 육군참모본부 내의 주장·행동과 무관하지 않았다. 또 다른 조슈벌 원훈인 이노우에 가오루는 야마가타와의 회담에서 야마

---

14) 일본의 중국 대륙 침략이 이뤄지던 시기 중국인을 '찬코로(淸國奴)'라는 멸칭·비칭으로 불렀는데 여기에서는 문맥상 중국인을 대상으로 한 것이 아닌, 중국의 혁명파와 혁명 세력을 옹호하고 협조하던 일본인 대륙낭인들을 가리킨다.

가타가 "빈번히 중일 친선론을 주창"하는 것을 듣고 "각하의 배하인 참모본부 주변에 왕왕 이런저런 장난을 시도하는 자가 있지 않은가"라고 빈정거렸다(『만상록』 1915년 9월 15일).

그렇다면 야마가타의 '동인종 동맹론'적인 '중일 친선론'과 참모본부의 혁명 원조·만몽 독립론과의 대립은 지금까지 검토해 온 대외론의 여러 유형 가운데 어떻게 위치지을 수 있을까. 이 문제를 검토하기 위해서는 신해혁명에서 1차대전의 발발, 21개조 요구, 위안스카이의 황제 취임 문제와 제3혁명(호국전쟁護國戰爭)[15]의 발발이라는 일련의 사태 변화와의 관련에서 두 주장의 차이가 지닌 의미를 재검토할 필요가 있을 것이다.

3.3 야마가타 아리토모와 위안스카이 배척 정책

육군참모본부도 위안스카이 배척으로

야마가타 아리토모는 1913년 3월 위안스카이가 중화민국의 임시대총통으로 취임해 1916년 6월 사망하기까지 일관되게 위안스카이를 지지하여 일본의 만몽 권익 안정화를 주장해나갔다. 이에 반해 육군참모본부의 중국 정책은 1915년 말부터 이듬해 초에 걸친 시점에서 위안스카이 원조 정책에서 위안스

---

15) 신해혁명 이후 임시대총통 자리를 물려받은 위안스카이가 쑹자오런 암살 등 자신의 권력기반을 강화하기 위한 조치를 취하면서 이에 반발한 지방성들의 독립 선언을 제2혁명이라 부른다(1913년). 제3혁명은 굴욕적인 21개조 요구를 받아들이고 황제 자리에 오르려고 한 위안스카이에 반기를 든 서남 지역 여러 성들이 중앙정부에 독립을 선언하며 발생했다(1915년).

제3장 신해혁명 전후의 대외론

카이 배척 정책으로 전환한 것으로 보인다. 1915년 말까지는 육군도 야마가타와 동일하게 위안스카이 원조 정책을 기본으로 했음은 같은 해 10월 14일 각의閣議 전날에 참모차장 다나카 기이치田中義一가 조선총독 데라우치 마사타케에게 보낸 다음의 서한을 통해 알 수 있다.

> 본론으로 들어가 긴급을 요하는 문제는 지나의 제제帝制에 대한 제국의 방침을 결정하는 일에 있습니다. 이에 관해서는 하루 이틀 전 육군 의견으로 '적당한 시기에 제제를 승인하고 또한 이를 원조하는 의미로 우리 권내에 있는 혁명 및 이에 부수한 인물을 엄중히 단속하여 만일 소란이 발생할 경우 제국은 자위적으로 우리 이권을 보호할 각오를 요한다'고 하는 주장을 육군대신과 교섭해야 합니다. 육군대신은 이상의 주장을 갖고 다음날 각의에 임해 큰 틀의 근본주의를 확정할 것입니다.(「데라우치 마사타케 관계문서」 315-46)

이 서한에서 분명하듯 1915년 10월 시점에서는 육군성도 참모본부도 위안스카이의 황제 취임을 승인하고 위안스카이 정권을 지지하여 21개조에서의 획득물을 유지하고자 했음을 알 수 있다.

다만 이미 기술한 것처럼 참모본부 내부에는 우쓰노미야 다로 제2부장과 같이 신해혁명의 발발 시점에서 혁명파 원조=만몽 독립론을 주장한 자도 있고 1912년 2월 가와시마 나니와川島浪速 등의 만몽 독립운동에 후쿠시마 야스마사福島安正 참모차장 이하 참모본부원이 은밀히 관계를 유지하고 있었음

3.3 야마가타 아리토모와 위안스카이 배척 정책

은 사실이다. 그러나 참모본부 전체가 확실히 이 방침을 정한 것은 아니며 다양한 공작 활동 가운데 하나에 불과한 것으로 보인다[16]. 사실 앞서 본 1차대전 발발 직후의 야마가타 의견서 전후에는 아카시 모토지로明石元二郎 참모차장이나 다나카 기이치 등도 야마가타와 마찬가지의 인종경쟁을 주창해 위안스카이에 만몽 권익 확대와 장기화를 양해시킨다는 방침을 취했던 것이다.[17]

그럼에도 앞서 서술한 1915년 10월 각의에서 약 4개월 후인 1916년 2월 21일 오카 이치노스케岡市之助 육군대신 앞으로 보낸 서한에서 다나카 참모차장은 "일본으로서는 지나의 평화 보전을 주안으로 하기 때문에 금일은 위안스카이를 완전히 퇴위시키는 수단을 강구하고 이와 함께 일본의 정치적 세력을 부식할 수단을 강구하는 편이 유리하리라 생각합니다. 내부로도 각 방면의 의향을 타진한 바 대저의 주의는 동의하는 것으로 보여집니다. 후쿠다로부터 들은 바에 의하면 각하도 동감하신다 하니 그렇다면 이로써 점차 발걸음을 나아가 이를 일치된 의론으로 정리하고자 하므로 이상과 같이 유념해 두시길 바랍니다"(「오카 이치노스케 관계문서」7-10)라고 기록하고 있다.

그러나 이 다나카 방침이 육군수뇌부 전체의 통일 방침이 되기까지는 또 약간의 시일이 필요했던 듯하다. 왜냐하면 다

---

16) 구리하라 겐(栗原健) 편, 『대(對)만몽정책사의 일면』原書房, 1966, p.301.
17) 상세한 내용은 반노 준지『근대 일본의 외교와 정치』研文出版, 1985에 수록된 「일본 육군의 구미관과 중국 정책」을 참조.

나카 참모차장은 3월 1일에도 오카 육군대신에게 결단을 촉구하는 서한을 보냈으며 그 가운데 오시마 겐이치大島健一 육군 차관, 이시이 기쿠지로石井菊次郎 외무대신 등이 다나카의 방침에 주저한 것이 읽혀지기 때문이다(「오카 이치노스케 관계문서」 7-13).

주지하듯 오쿠마 내각은 1916년 3월 7일 각의에서 다나카 주장을 더욱 확실히 하여 위안스카이를 배척하기로 했다. 즉 "제국의 방침을 수행하기 위해서는 위안스카이가 지나의 권력권 내에서 물러나는 것이 좋다. 누군가 그를 대신해도 이를 그와 비할 때에는 제국에게 훨씬 유리하게 될 것을 의심치 않는 바이다"[18]라 하였다. 그러나 이 각의 결정 직전까지 육군 수뇌부 사이에서의 견해가 통일되지 않았던 것이다. 달리 말하자면 야마가타가 주장하는 위안스카이 원조 정책을 버리고 위안스카이 배척 정책으로 전환하는 일은 육군으로서도 그렇게 간단하지 않았다.

위안스카이 정권의 저항

그런데 지금까지의 논의와 관련해 중요한 것은 이같은 육군 수뇌부의 대중국 정책 전환이 중국 국내의 어떠한 정세 변화 혹은 그 인식과 연관되어 있는가라는 문제일 것이다. 여기서 단서가 되는 것이 앞서 기술한 3월 7일 각의 결정의 문면이다. 즉 이 각의 결정은 위안스카이 정권의 존재 그 자체가 일본의

---

[18] 『일본 외교연표 주요문서(日本外交年表竝主要文書)』 상, p.419.

중국 정책 수행의 장해가 되고 있음을 명기하고 있는 것이다.

이미 기술한 것처럼 신해혁명 이후의 야마가타 아리토모 등의 위안스카이 원조론='중일 친선론'은 혁명 세력의 진압에 부심하던 위안스카이 정권에 은혜를 입혀 만몽 권익을 확대하고자 한 것이었다. 1914년 7월 1차대전 발발은 영·러 두 열강이 일본의 중국정책에 간섭할 여력이 없어지게 되었다는 의미에서 야마가타의 이같은 '중일 친선론' 실행에 한층 좋은 상황을 만들었다.

그럼에도 일본의 21개조 요구에 대한 위안스카이 정권의 저항은 야마가타 등의 '동인종 동맹론'을 그림의 떡으로 만들 기세였다. 1915년 21개조 교섭 때에 육군의 우가키 가즈시게宇垣一成는 "중일 교섭이 정체되었을 때에 있어 군사 당국의 대중국 계획은 확실히 지나를 하나의 위력으로 재차 인정하기 시작한 하나의 전기이다"[19]라 했으며, 같은 해 말의 일기에도 "일본이 지나를 이웃으로 두고 있는 이상은 어떻게 해서든 끊임없는 무력의 충실함이 간요하다. 지나 4억민이 각성해 발전해 온다면 좀처럼 일본의 손으로 끝내지 못한다. 금일에조차 우리를 따르지 않는 저들이라면 독립·독보獨步가 가능할 때에는 우리에게 강적이다"[20]이라 기록하고 있다. 21개조에 대한 위안스카이 정권의 강한 저항에 직면해 육군 사이에 중국의 역량에 대한 인식 변화가 나타나기 시작한 것을 알 수 있다. 심

---

19) 『우가키 가즈시게 일기』Ⅰ, みすず書房, 1968, p.107.
20) 『우가키 가즈시게 일기』Ⅰ, p.114.

지어 위안스카이는 이같은 그의 반일 정책에 대한 중국 국민의 지지를 이용해 자신의 정권 안정과 강화를 꾀하고자 1915년 9월 경부터 중국에 재차 제정을 부활시켜 스스로 황제가 되고자 하였다.

이같은 중국 국내의 정세 변화는 두 가지 상이한 방향으로의 발전을 포함한 것이었다. 첫째로 말할 것도 없이 위안스카이가 황제 취임에 성공하고 안정된 자신의 지위에서 위안스카이 정권이 일본의 중국 정책에 한층 강하게 저항하는 방향이었다. 이같은 사태는 때마침 청조 최말기에 야마가타 아리토모 자신이 가장 경계하고 있던 사태의 재현을 의미하는 것이었다. 또 하나의 가능성은 중국 국내에서 공화제 옹호를 위한 혁명이 재발해 중국 국내 통일이 붕괴하는 방향이었다. 1915년 12월 윈난雲南 독립선언, 이듬해 1월의 구이저우貴州 독립선언, 같은 해 3월 광시廣西 독립선언으로 이어진 중국 제3혁명의 발발은 신해혁명의 재현을 연상케하는 정도였다.

야마가타 아리토모의 동요

이처럼 위안스카이의 황제 취임 문제와 이를 계기로 한 제3혁명의 발발 전후 상황은 일본의 중국 진출 관점에서 보면 신해혁명 전후 시기와 극히 유사한 상황이었다. 이같은 상황에서는 야마가타 아리토모 자신의 위안스카이 원조='중일 친선론'에 상당한 동요가 일어난 것이 아닐까 생각된다. 왜냐하면 야마가타의 위안스카이 정권 지지는 그가 끊임없는 혁명세력에

● 3.3 야마가타 아리토모와 위안스카이 배척 정책

위협받아 그 때문에 일본에 대해 강한 태도로 임할 수 없다는 상황을 상정한 것이었기 때문이다. 만일 위안스카이가 제정 이행과 혁명세력 진압에 성공한다면 일찍이 청조 최말기에 야마가타가 가장 경계한 청조 주도 입헌군주제 이행 성공으로 일본의 만주 권익이 위기에 노출된다는 가설과 유사한 상황이 만들어질 가능성이 있었다. 때문에 청조 최말기에 야마가타가 혁명 발발을 기대한 것과 완전히 동일한 관점에서, 육군 수뇌부가 제3혁명에 기대를 거는 방침으로 전환했을 때 야마가타로서도 충분히 이에 반론할 수 없었던 것은 아닐까.

1916년 1월말 다카하시 요시오에게 "나는 위안스카이와 손을 잡고 일본이 마땅히 영유할 이익선을 손에 넣기를 바란다"(『만상록』1월 26일)고 말한 야마가타 아리토모도 약 1개월 후인 3월 1일자 다나카 참모차장이 오카 육군대신에게 보낸 서한에서는 상당히 다른 모습이 보여진다.

> 대중국 문제에 관해서는 지난 날 서류를 보아 주셨는지요. 소생도 이 주장을 고집하는 것은 아닙니다만 어찌되었든 이 때 뭔가 정부의 방침을 결정해 각 곳 모두 이를 향해 통일적·협동적으로 노력하지 않는다면 역시 제1혁명 당시와 같은 실태失態를 반복하는 데 불과한 결과가 될까, 이것이 너무나도 유감입니다. 야마가타 노공도 이 때 하루라도 빨리 정부 방침을 결정하지 않으면 시기를 잃고 지나에서 독일 세력의 재흥을 보는데 이를 것이라 걱정하고 계십니다"(「오카 이치노스케 관계문서」 7-13, 강조 인용자)

이 서한에서 다나카가 '지난 날 서류'라 부른 것은 확인되지 않으나 약 1주 전에 다나카가 역시 오카 육군 대신에게 보낸 서한에서 위안스카이를 '완전히 퇴양케 할' 필요를 강조한 것은 이미 서술한 바이므로 여기에서 말하는 '지난 날 서류'에도 동일한 주장이 전개되었으리라 보아도 크게 틀리지 않을 것이다. 그렇다면 이 서한에서 다나카는 자신의 위안스카이 배제 정책에 대해 주저를 보이는 오카 이치노스케 육군대신에게 '야마가타 노공'의 의향을 흘리며 압력을 가한 것이다. 만일 야마가타가 의연히 위안스카이 원조 정책을 강하게 주장하고 있었다면 다나카가 자신의 위안스카이 배제 정책 결정을 오카 육상에게 압박할 때에 자신과 정반대 주장을 한 '야마가타 노공'의 의향을 가져오는 일은 생각할 수 없다.

일본의 21개조 요구에 대한 위안스카이의 강한 저항을 보고 제제 이행에 의한 중국 통일 성공 시에는 이같은 위안스카이 정권의 반일 정책이 한층 강고하게 될 것을 두려워한 야마가타로서는 그의 영향 하에 있는 육군이 위안스카이 배척 정책으로 전환하는 것을 억누를 확신이 없어진 것은 아닐까.

위안스카이의 죽음과 '중일 친선론'의 재연

그러나 야마가타 자신이 확실히 위안스카이 배척 정책으로 전환하기 이전에 중국 국내의 사태는 계속 바뀌었다. 1915년 말부터 이듬해 3월에 걸친 중국 제3혁명 와중에 위안스카이가 부득이 제정을 단념할 수밖에 없었기 때문이다. 이에 사태는

3.3 야마가타 아리토모와 위안스카이 배척 정책

바로 야마가타가 위안스카이 지원, '중일 친선'을 주창했던 신해혁명 직후부터 21개조 요구에 이르는 시기와 유사한 전개가 되었다. 1916년 4월 국무경에 오른 위안스카이의 후계자 돤치루이段祺瑞에게는 더이상 위안스카이 정도의 통솔력은 없었다. 6월 위안스카이 사망후 일단 리위안훙黎元洪 대총통·돤치루이 국무총리 체제가 만들어져 제3혁명은 막을 내리게 되지만 군벌 세력 내부에서 돤치루이의 지위는 위안스카이에 비할 것이 못되었다.

이같은 정세 하에서는 야마가타가 지금까지의 위안스카이 지지, '중일 친선', '동인종 동맹론'을 철회할 필요가 없어지게 되었음은 쉽게 상상할 수 있는 바이다. 야마가타 자신의 정리된 대외론을 알 수 있는 사료는 제2차 오쿠마 내각 말기 이후 급속히 적어지나 1916년 7월에 성립한 데라우치 내각 하에서 진행된 돤치루이 원조 정책에서는 일찍이 야마가타가 위안스카이 원조 정책을 주장하기 위해 사용했던 '동인종 동맹론'적인 '중일 친선론'이 빈번히 주창되어 갔다. 가령 데라우치 내각의 돤치루이 원조 정책 추진자 니시하라 가메조西原龜三는 1918년 벽두의 「각서」에서 다음과 같이 기록하고 있다.

> 인종적 결합의 추세. 현대전 발생의 원인과 최근 2, 3년여 세계적 대변동에 의해 인종적 결합의 필요를 재촉하는 추세의 흔적은 역력하고 분명하다. 장래 점차 그 세력을 촉진해 이해利害를 공통으로 하고 특히 그 복리 증진을 거둘 소질을 가진 인종의 공고한 결합은 그 국가의 융성을 불러올 것이므로, 동양에 국가를 이룬 중일

제3장 신해혁명 전후의 대외론

> 양국은 충분히 대세의 귀추를 살피고 타인종에 뒤떨어지지 않는 결합을 이루어야 비로소 동양의 평화와 동종 국민의 영원한 복리를 온전히 할 수 있다. 그리고 제국은 선진 지식과 재력을 활용해 지나 국가 및 국민을 지도계발해 큰 은혜를 입게 하고 세계적 추세를 선구하는 방책을 강구해야 할 것이다.(「데라우치 마사타케 관계문서」 444-3)

이 니시하라의 「각서」를 1914년 8월의 야마가타 의견서와 비교하고 동시에 이 두 시기의 중국 국내 상황의 유사성을 고려에 넣으면 어떠한 때에 '아시아주의'적 대외론이 강조되었는지는 한층 명확해질 것이다.

물론 이미 많은 연구에서 지적되고 있듯 1차대전 시기 일본의 중국 정책을 검토하기 위해서는 '구미歐美' 열강의 동향을 무시할 수 없다. 대전 발발 직후에는 종래 일본의 팽창정책을 억제했던 '구미의 간섭'이라는 요소가 사라졌다는 의미에서 '구미'라는 요소는 일본의 중국 정책에 직접 관련되어 있고 나아가 대전 말기에는 가까운 장래에 '구미의 간섭'을 구체적으로 의식하지 않으면 안된다는 의미에서 일본의 중국 정책에 '구미'라는 요소는 깊이 관련되어 있다. 이같은 1차대전 이후 일본의 '구미' 인식에 관해서는 곧 별도의 형태로 사견을 발표할 예정으로,[21] 이 문제의 중요성을 경시하고 있는 것은 결코 아니다.

그러나 동시에 이 시기 일본의 중국 정책 및 그 정당화 논리

---

21) 반노 준지 『근대 일본의 외교와 정치』 硏文出版, 1985.

로서의 '구미협조주의'와 '아시아주의'의 이해에서 중국 자신의 저항이라는 요소가 지금까지 너무 경시되어 왔던 것도 마찬가지로 사실이다. 이 점은 1920년대 일본의 구미협조=중국 내정 불간섭이라는 정책의 이해에서도 마찬가지라 생각된다. 1920년대 일본이 워싱턴 체제에 순응한 것은 근본적으로 미국과의 관계에서 설명되어야 함은 사실이라 해도 동시에 1920년대 말까지 중국 국내 정치정세가 일본의 기득권익 유지에 있어 결코 불리한 정세만은 아니었던 것도 고려해야 한다고 생각한다. 장제스가 이끄는 국민당군의 북벌 성공으로 중국이 일단 통일되기까지 일본은 대중국 관계에서 현상 유지에 당분간 곤란을 느끼지 않게 되었고 이것이 일본의 워싱턴 체제에의 적응을 비교적 용이하게 한 것은 아닐까. 이 점에 관해서는 다음절에서 간단한 전망을 시도해보고자 한다.

'상황주의'의 구조

이상의 서술에서 분명하듯 러일전쟁에서 신해혁명에 걸쳐 중국이 남만주 권익 탈환을 요구하고 또한 청조가 위로부터의 입헌군주제로의 이행에 성공할 것처럼 보였을 때 야마가타 아리토모는 중국에서의 혁명 발발을 기대하고 중국의 이권 회수 요구에 대해서는 '탈아론'적 대외론으로 반론해 왔다. 그러나 1911년 10월 신해혁명 발발과 이듬해 3월 위안스카이의 임시대총통 취임 이후 야마가타는 위안스카이 지지론으로 전환했고 1차대전 발발 이후에는 구미 열강의 아시아 침략에 대해 동아시아 동문동종국은 손을 잡아야 한다고 하는 '아시아'주의적

제 3 장 신해혁명 전후의 대외론

대외론으로 이를 정당화하고자 했다.

혁명 세력의 대두를 경계해야만 하는 위안스카이로서는 일본의 만몽 권익 확대와 장기화를 승인할 수밖에 없을 것이라는 판단 아래 야마가타는 위안스카이 옹호 방향으로 전환했다. 그러나 야마가타의 예상에 반해 위안스카이는 일본의 21개조 요구에 강하게 저항했고 중국 국민이 이를 지지하자 기회를 틈타 황제가 되려고 했다. 때문에 야마가타도 언제까지나 위안스카이 옹호론을 유지할 수는 없게 되었던 것이다. 야마가타는 표면적으로 위안스카이를 배척하지는 않고 오히려 '지나고로'의 위안스카이 배척에 대해 지속적으로 이야기했다. 하지만 그의 휘하에서 참모차장이라는 요직에 있었던 다나카 기이치가 제2차 오쿠마 내각의 중국 정책을 위안스카이 타도로 이끌었고 야마가타가 이를 묵인했던 것은 앞선 검토로 명백할 것이다.

이같이 야마가타가 일본을 서양 열강의 일원으로 자각하고 그 관점에서 중국을 대할 것인가 역으로 일본을 동아시아의 일원으로 위치지어 서양 열강에 대항하는 동문동종인 중일 양국의 친선을 강조할 것인가는 오로지 중국의 권익 탈환 요구의 강약 혹은 중일간 역관계力關係에 의한 것이었다. 이는 야마가타의 외교 사상이 상황주의적인 것에 불과하다고 말하려는 것이 아니다. 대외관계에 관한 '사상'이 상황주의적이지 않을 수는 없기 때문이다. 러시아나 중국이 어떠한 정책 전환을 하든 미동도 하지 않는 외교사상이라는 것이 존재할지도 모르나 그같은 '사상'은 분석하기 전부터 답을 알 수 있기에 적어도 분석 대상으로서는 흥미가 일지 않는다.

내가 여기에서 야마가타에 관해서도 강조하고자 하는 바는 야마가타의 상황주의가 아닌 상황주의의 구조. 일본인이 '탈아론'형 대외론을 전개하거나 '아시아주의'적 대외론을 주창한다거나 할 때에는 각각 특정 상황이 있었던 것은 아닐까라는 나의 가설에 대한 하나의 예증으로 야마가타 아리토모 대외론의 변천은 충분히 유효한 것으로 보인다.

3.4 약간의 전망

시데하라 외교

1920년대 전반 워싱턴 체제 하에서의 일본의 대미협조와 중국 내정 불간섭 정책은 시데하라 외교[22]라는 이름으로 알려져 있지만 그 기저를 만든 것은 정우회 내각의 총리대신 하라 다카시原敬였다. 하라 다카시가 1차대전을 통해 대미협조의 중요성 및 그 귀결로서 중국 내정 불간섭 정책을 일관되게 주장했던 것은 이미 지적되고 있는 바이다.[23]

그러나 그 하라 다카시의 대미협조·중국 내정 불간섭론에서도 중국 국내의 정치적 분열 상황은 중요한 전제가 되었다. 하라 다카시는 1917년 9월 28일에 데라우치 수상과의 회담에서 "지나를 통일된 나라로, 문명으로 이끌어 부국 강병의 나라

---

22) 시데하라 기주로(幣原喜重郎) 외무대신 하에 추진된 국제협조 노선.
23) 미타니 다이치로『일본정당정치의 형성』東京大學出版會, 1967 참조.

제3장 신해혁명 전후의 대외론

로 만들어야 한다는 말은 표면상 국제적인 명분이다. 타국은 물론 세간에도 공공연히 할 말은 아니지만 일본의 이해타산에 지나는 문명국이 아니라도 부국강병이 되지 않더라도 문제가 없다. 또한 실제 부국강병이 된다면 과연 우리에게 좋은 감정을 가질 것인가. 지나인의 기풍을 보면 불안한 일이다"라고 하며 나아가 "지나의 내부는 겉으로 통일을 권유하지만 실제로는 통일할 수 없다고 해도 좋다. 중요한 것은 일본을 적대시하는 악감정을 일으키지 않는 것이며 저들 사이의 분쟁이 다소 있다고 해도 우리에게 해는 없을 뿐만 아니라 그 틈을 타서 우리 이익을 거두는 데에 힘써야 한다"고 논하였다(『하라 다카시 일기』제4권, p.319).

여기서 명백하듯 하라 다카시에게도 중국 내부 항쟁은 '우리에게 해가 없을'뿐 아니라 도리어 '우리 이익을 거두는' 데에 유리한 정세라 이해되었던 것이다.

1차대전 종료 후 중국 정책의 기본적 과제가 21개조 요구 등으로 대전 중 중국에서 획득한 이익을 유지하는 데 있었던 이상 일본 대외론의 기조가 '탈아론'적 혹은 구미협조주의적이 된 것은 지금까지 본서에서 분석한 연장선상에서 이해할 수 있는 바다. 중국 국내의 반제국주의·반일 운동 고양을 생각하면 '아시아주의'적 대외론이 성립할 여지는 없었기 때문이다.

다만 1차대전 이후 상황과 본서에서 지금까지 분석해 온 그 이전 시기 상황과의 기본적 차이는 전후 구미 각국의 중심적 존재였던 미국이 오히려 중국의 이같은 민족주의적 고양에 호의적이었다는 점에 있다. 달리 말하면 구미협조주의적 혹 탈아론적 대외론으로 중국의 이권 회수 운동에 대항하고자 해도 협조 대상인 미국이 중국 민족주의에 호의적인 이상 어떻게도 할 수 없는 상황이었던 것이다.

이같은 상황에 있으면서도 1920년대 전반 일본이 중국 내정 불간섭을 정한 1922년의 워싱턴 회의의 결정을 지키고 대미협조를 기본으로 삼을 수 있었던 하나의 원인은 앞서 기술한 하라 다카시의 말처럼 중국 국내의 내부 항쟁이 계속되었던 점에 있다. 1920년대 전반 중국에서는 단순히 북방 군벌과 남방 국민혁명군이 대립하고 있었을 뿐만 아니라 북방 군벌 세력 내부도 여러 파로 나뉘어 대립을 반복했다. 이들 제 정치세력간 다툼의 배후에는 1919년 5·4운동이나 1925년 5·30 사건으로 상징되는 반제국주의·반일운동의 고양이 보이지만 일본은 제 정치세력간의 대립 항쟁을 조장하여 일정 정도 방파제로 삼을 수 있었던 것이다.

왜 육군은 중국 내정 불간섭을 감수했을까

이같은 이해를 뒷받침하는 일례로 1924년 12월에 육군참모본부가 입안한 「지나의 현시국에 돌아보는 우리 정책상의 저의著意」의 다음 한 구절을 들 수 있을 것이다. 즉 "지나의 내정 문제는 지나인으로 하여금 스스로 해결하게 하는 방침을 취해 중일 관계에 중대한 영향이 있는 것 외에는 지나인의 자유 재량에 맡기는 관용적 태도를 보이고, 다른 열강에 대해서는 워싱턴 회의의 정신을 기조로 지나의 대외 문제를 유리하게 해결하여 돤치루이 정권의 확립 유지에 관해 호의적 알선을 해야 한다"(「구 육해군 관계문서」597)고 한 것이다.

1924년 말이라 하면 직예直隷 군벌의 우페이푸吳佩孚와 봉천奉天 군벌의 장쭤린張作霖 사이에 두 차례 내전으로 장쭤린 측이 승리하고 그 결과 돤치루이·펑위샹馮玉祥·장쭤린의 반 직예파 군벌과 국민당의 일시적 타협이 이루어져 돤치루이 임시 집정정부가 막 성립되려던 시기였다. 그러나 참모본부 스스로 인정한 것처럼, 이 돤치루이 정권의 성립으로 "곧바로 통일 국가를 형성할 수 있는" 것이 아니라 "당분간 의연히 군웅 할거의 상태가 계속" 될 것임은 분명했다.

그러나 '군웅 할거의 상태'가 이어지는 한 돤치루이=장쭤린 정권과 같은 일본에 대해 가장 의존적인 중앙 정권이 성립할 가능성이 있었던 것이다. 그리고 이같은 대일 의존성이 강한 중앙 정권이 성립한다면 중국내 반일 운동의 방파제로 역할하여 이로 인한 일본의 만몽 권익 유지가 불가능하지만은 않았다. 이같은 중국 국내 상황이 존속하는 한 '워싱턴 회의의 정신', 즉 중국 내정 불간섭주의는 일본 육군으로서도 감수할 수 있는 것이었다. 달리 말하면 일본에 유리한 중국 중앙정권을 유지하기 위해 영미 두 나라의 간섭을 배제하는 구실로 '워싱턴 회의의 정신'이 의도적으로 일본 육군에 의해 강조되기까지 한 것이다.

이 참모본부의 중국 정책에서 또 하나 주의할 점은 돤치루이 정권의 성립을 계기로 일본의 노골적 간섭을 억제하고자 한 것이다. 즉 "지나 민론의 추세는 거의 맹목적인 외국 세력 침입의 기피이므로 외교문제가 정부 공격의 재료로 가장 인기를 끄는 경향이 있다. 만일 우리 조야의 언동이 신중치 못해 돤치루이 정권을 제국의 괴뢰로 보고 노골적인 원조를 하거나 각종 요구·희망 등을 이룬다면 곧바로 배일운동과 돤치루이 정권 붕괴로 이어져 때마침 영미에게 어부지리를 얻게 하는데에 불과할 것이다. 따라서 중일 군사동맹 혹은 경제동맹과 같은 거대한 이상은 지금 곧바로 돤치루이 정권에 제창할 문제가 아니다"라고 하였다.

참모본부가 작성한 중국 정책에 관해 주목할 세 번째는 그것이 "미리 파견 기관에 준거를 부여"하기 위해 쓰여졌다는 점이다. 약 1개월 후인 1925년 1월 17일부터 20일까지 4일간 북경 일본 공사관 육군무관실에서 '재중 모보무관회의在支謀報武官會議'[24]가 열리는데 이 회의에 제출할 참모본부 원안으로 기초된 것이었다. 이 회의에는 양대 주둔군인 관동군·지나주둔군 대표, 북경·상해·한커우·지난濟南의 육군 무관 외에 제2차 직봉전쟁[25]에서 패배한 직예군에게 공작을 꾀하고 있던 반자이坂西 기관[26]의 도히하라 겐지土肥原賢二 중령, 쑨원이 이끄

---

24) 모보(謀報)는 공작원을 뜻한다. 첩보(諜報)로 쓰기도 했다.
25) 제2차 직봉전쟁(直奉戰爭)은 중국에서 발생한 군벌 간의 내전이다. 직예파의 우페이푸와 봉천파의 장쭤린 사이에서 1922년에 제1차 직봉전쟁이, 1924년에 제2차 직봉전쟁이 발발했다. 제2차 직봉전쟁에서 봉천파가 승리하며 일시적으로 장쭤린이 정권을 장악하게 된다.
26) 일종의 첩보 특무기관으로 북경에 설치되었다. 당시 육군군인으로 북경에 재임(1911~1927)하고 있던 반자이 리하치로(坂西利八郎, 1871~1950)의 이름을 따 반자이(혹은 사카니시) 기관이라 불렀다.

제 3 장 신해혁명 전후의 대외론

는 국민당에 대한 공작원이었던 사사키 도이치佐々木倒一 소령, 평위샹의 국민군 공작을 맡고 있던 마쓰시로 다카요시松室孝良 소령 등이 출석했다.

회의의 상세한 내용은 생략하지만 참모본부를 기점으로 '군웅할거'의 중국 국내 제 정치세력과 그물눈처럼 이어진 현지 각 공작원의 존재가 1920년 전반 일본 육군의 '중국 내정 불간섭 정책'을 지탱했다고 할 수 있을 것이다. 달리 말하면 이들 현지 공작원의 '간섭'은 중국 국내의 각종 정치세력의 자주적 정책 결정으로 현실화되었기에 육군 중앙으로서는 '내정 불간섭'의 입장을 취할 수 있었던 것이다. 이것이 스즈키 데이이치鈴木貞一 대위가 말하는 '현지 출장자 책임에 의한 독단'의 의미인 것이다.[27] 현지 공작원이 중국 각종 정치세력에게 자유로운 공작을 하게 하고 그 사이 육군 중앙은 중국 내정 불간섭 입장을 내세워 공작 결과로 하나의 결론이 나오면 모보무관회의를 소집해 자유로운 공작에 틀을 짜 넣는다는 방식이 취해졌던 것이다.

이상으로 알 수 있듯 1920년대 전반에 구미협조·중국 내정 불간섭이라는 대외정책을 일본 육군이 감수했던 원인은 일본 육군이 중국 국내의 군웅할거 상태를 이용해 중국 권익 회수 운동의 방파제를 만들 수 있으리라 생각했던 점에 있다. 장제스의 국민당이 1926년~1928년 즈음까지 수행한 북벌로 중국 국내 통일이 만주를 제외하고 달성되자 육군의 이같은 중국내 공작

---

27) 1924년 9월 23일자 스즈키가 다나카에게 보낸 서한, 「다나카 기이치 관계문서」.

능력은 현저히 감퇴한다. 1911년 이래 이어진 중국내 정치적 대립을 이용하여 일본의 만몽 권익을 확대·유지한다는 정책을 취할 수 없게 될 때 일본의 대외론은 재차 전환을 맞이하게 될 터였다.

제4장

결론

'대외사상'의 배후에 있는 인식을 읽어내다

메이지 중기부터 다이쇼 말기에 걸친 약 46년간의 대외론을 세 시기로 나누어 검토해 왔다. 본장에서는 이들 세 시기 대외론의 공통점에 특히 주목해 근대 일본 대외론의 구조에 관해 가설적인 일반화를 시도해 보고자 한다. 가설적이라 함은 본서에서 다룬 정치가·사상가, 신문사설 등이 극히 한정된 범위의 것으로 '일본인'에 관해 운운하기에는 너무나 불충분하기 때문이다. 또한 그럼에도 불구하고 굳이 가설적으로라도 일반화를 시도하고자 하는 이유는 본서에서 다룬 한정된 정치가·사상가의 대외론에는 너무나도 눈에 띄는 공통 구조가 존재하는 것처럼 보이기 때문이다.

근대 일본의 동아시아 정책은 보통 '아시아 연대론'과 '탈

제4장 결론

아입구론'의 대립이나 '아시아주의'와 '구미협조주의'의 대립이라는 사상의 틀 속에서 진행되었다고 얘기한다. 또 하나의 대외사상으로 누차 언급되는 '일본주의' 혹 '국수주의'가 일본 동아시아 정책의 정당화를 위해 사용되기 시작된 것은 1920년대 이후 특히 1930년대로 본서에서 다룬 시대에서는 조약개정 문제 등의 순수한 대구미 정책에 관해서만 '일본주의', '국수주의'가 드러난 편이다.[1]

본서에서 나는 이같은 종래 두 가지 '대외사상'·'대외관'의 존재를 안이하게 전제로 삼는 것에 의문을 표해 왔다. 물론 '아시아 연대'·'아시아 개조'적인 표현을 사용한 주장이나 '탈아론'·'구미협조주의'적 표현을 사용한 주장이 존재한 것은 사실이다. 그러나 이들 '표현'의 배후에 있는 동아시아 정세의 구체적 인식 및 그 인식에 기반해 구체적으로 의미되고 있는 대외정책을 검토해 가면 외견적 '표현'과는 전혀 동떨어진 인식이나 정책을 발견할 수 있었기 때문이다.

1880년대 초두 후쿠자와 유키치가 구미 열강의 아시아 침략에 대항하기 위해 일본은 조선·중국을 개조하지 않으면 안 된다고 주장한 것은 사실이다. 그러나 이 주장의 배후에는 조

---

1) 1920년대 이후 아시아 정책의 사상적 배경에 관해서는 G. M. 버거, 「아시아 신질서의 꿈— 대동아공영권 구상의 제상」, 사토 세이자부로·R. 딩맨(Roger Dingman) 공편 『근대 일본의 대외태도』 東京大學出版會, 1974를 참고. 원제는 *The Three-Dimensional Empire: Japan's Vision of a New Order in Asia, 1937~1945*로 제목에서 보이는 것처럼 탈아주의·아시아주의·국수주의라는 세 가지 대외사조가 역사적 갈등을 거쳐 대동아공영권 구상에 도달했음을 분석한 것이다.

선 문제를 둘러싼 청일 대립이 있었고, 이 인식에 기반해 그가 구체적으로 생각한 동아시아 정책은 조선 국내에 일본의 간섭으로 친일파 정권을 수립하는 것이었다. 후쿠자와의 '아시아 개조'라는 표현이 정말로 의미하고 있던 것은 '조선의 개조'로 그의 이 정책에서 주요한 장해는 그가 표현상 강조한 구미 열강이 아니라 실은 중국이었던 것이다. 달리 말하면 조선 지배를 둘러싼 일본과 중국의 경쟁에서 승리하기 위해 조선내 친일파 세력을 적극적으로 원조해야 한다라는 주장이지만, 표면적으로는 구미의 동아시아 침략에 대항하기 위해 일본은 조선과 중국의 근대화를 도와야 한다라는 형태로 주장되었던 것이다.

이 같이 '언어'와 그것이 구체적으로 의미하는 것이 정반대인 경우 우리가 종래와 같이 그 '언어'로 후쿠자와의 '대외사상' 혹은 '대외관'을 이해한다면 우리는 전혀 사실과 동떨어진 역사 이해에 그치고 말게 될 것이다.

근년 '아시아주의'나 '탈아론' 문제는 사상사 연구자만이 아니라 외교사 연구자에 의해서도 연구되고 있다. 국민의 대외 이미지와 관련하여 일국의 대외정책을 파악하고자 하는 새로운 외교사 연구의 접근이 왕성히 이루어지고 있는 것이다. 가령 이리에 아키라는 「새로운 외교사의 방법」이라는 글에서 "조약이나 회담 등 표면적인 사실관계에 구애되는 한 외교사만큼 무미건조한 분야도 없다. 누가 언제 어디에서 무엇을 말했는가라는 사실 나열로 끝나버릴 것이다. … 어느 국가의 지도자나 국민이 세계정세를 어떻게 파악하고 어떻게 이에 대응하고자

제4장 결론

했는가, 이러한 파악 방식과 현실 사이에 어떠한 관련이 있었는가라는 점을 살펴봄으로써 그 국가가 직면하고 있던 제 문제, 나아가 국제정치에서 그 국가의 역할을 배울 수 있을 것이다. 근대 및 현대 일본의 외교에 관해서도 이같은 각도에서 조망하면 그 족적이나 현대의 정세에 관해 어느정도 시야를 갖는 것이 가능하게 되리라 생각한다"[2]고 했다. 이 구절은 내가 본서의 방법론이나 테마에 관심을 갖게 된 직접적인 계기이기도 하며 본서를 끝낸 현 시점에도 이 구절을 읽었을 때의 신선함은 여전히 잊을 수 없다.

그러나 이 정당한 제언은 실은 양날의 검과 같은 것이라 생각한다. 어느 국가의 지도자나 국민의 '세계정세의 인식'을 어느 레벨에서 파악하는가가 문제인 것이다. 만일 이 '인식'을 정치가나 사상가의 '언어' 레벨에서 이해한다면 '이러한 파악 방식과 현실 사이'는 완전히 무관한 것이 될지도 모른다. 지도자나 국민의 국제정세 '인식'이 외교사 연구에서 매우 중요하다면 이 '인식'을 어떻게 다룰 것인가의 방법이 검토되어야 하는 것이다. 이미 기술한 것처럼 후쿠자와의 '아시아 개조론'이라 일컬어지는 것을 그의 언어대로 구미 대 아시아의 대립 도식으로 파악할 것인가 아니면 본서에서 분석한 것과 같이 조선 문제를 둘러싼 중일 대립 도식으로 파악할 것인가에 의해 후쿠자와의 국제 정세 인식은 정반대가 되기 때문이다.

---

2) 이리에 아키라 『일본의 외교』中央公論社, 1966, p.13.

러일 관계의 악화 – 임박한 구미의 아시아 침략①

이같은 관점에 서서 이하에서는 앞의 제3장에서 검토한 개별 케이스를 염두에 두면서 메이지 중기·다이쇼기 일본인의 '대외 인식'과 이에 기반한 '대외론'의 구조를 재검토해 보고자 한다.

먼저, 임박한 구미 열강의 아시아 진출이라는 이 시기의 대외론에서 끊임없이 반복된 '언어'의 의미 검토가 필요하리라 생각된다. 이러한 종류의 '언어'가 의미하는 것에는 두 가지가 있다 하겠다. 첫째는 조선 및 만주를 둘러싼 일본의 동아시아 정책에 관계된 구미 열강, 즉 구체적으로는 러시아를 의미하는 경우다. 또 한 가지는 일본의 동아시아 정책과는 간접적으로만 관계된, 영국이 이집트를 점령한다거나 독일이 서남 아프리카를 점령한다고 하는 세계적인 추세를 의미하는 경우다. 게다가 '언어' 상으로는 '구미' 열강의 아시아 침략이 임박했다는 이미지를 상호 강화해 가는 형태로 사용되었기에 이 구별이 결코 용이하지는 않다. 그러나 일본인의 대외 인식을 검토하는 데에 이 구별은 중요한 의미를 지닌다 할 수 있다. 우선 전자의 경우부터 살펴보자.

구체적으로는 조선 및 만주를 둘러싼 러일 관계의 긴박화를 가리킴에도 '구미의 아시아 침략의 임박'이라는 이미지가 강조된 경우에 우리는 동시에 조선 및 만주 문제를 둘러싼 중일 대립도 상기하며 이해할 필요가 있다. 제1장에서 본 『자유신문』이 구미의 아시아 침략 임박을 강조해 청일협조론을 주창했지만 중국의 조선 진출에 대한 경계심이 강화됨에 따라

제4장 결론

'탈아론'적 주장으로 전환한 전형적인 사례일 것이다. 이 경우에 '청일협조'라는 '아시아 연대론'적 주장과 '탈아론'적 주장 사이의 차이는 조선 문제를 둘러싼 일본의 당면 경쟁 상대를 러시아로 인식하는가 중국으로 인식하는가의 차이에 불과했던 것이다. 『자유신문』의 이 인식 전환이 1883~1884년 안남을 둘러싼 청불 대립의 장기화에 의한 것이었음은 제1장에서 기술한 대로다.

이같이 구체적인 대외인식은 구체적인 대외관계의 변화에 따라 변화한다. 이같은 변화를 '청일협조'적인 '사상'에서 '탈아'적인 '사상'으로의 전환으로 이해하는 일은 역사적 사실과 완전히 동떨어진 것이다.

중일 관계가 직접 문제가 되지 않는 경우에도 구미 열강이 구체적으로 러시아에 한정되어 이해된 경우에는 러시아의 위협 정도에 따라 대외론은 쉽사리 '탈아론'적으로 되거나 '아시아 연대론'적으로 되었다. 제2장에서 검토한 구가 가쓰난과 『일본신문』의 경우가 바로 그렇다. 조선 문제에 대한 러시아의 태도를 가쓰난이 낙관할 수 있던 동안은 그는 일종의 '구미협조주의'적 대외론인 '북수남진론'을 주창했지만 1898년 러시아에 의한 뤼순·다롄 조차에 따라 조선 문제를 둘러싼 러일 간 역관계에 변화가 발생하자 가쓰난은 태도를 바꾸어 '지나 보전론'이라는 '아시아주의적'인 주장으로 전화한 것이다.

당시 가쓰난의 '남진론'으로부터 고려해 보건데 독일이나 러시아에 의한 교주만, 뤼순·다롄 조차가 그의 중국 정책에

장해가 되었다고는 생각할 수 없다. 이는 고노에 아쓰마로나 동아동문회의 남청 경영론에 관해서도 마찬가지다. 구가나 고노에 등의 '지나 보전론'은 그들의 조선 부식론에 기초를 둔 것이라 여겨진다. 고노에나 동아동문회의 남청 경영론은 이른바 순수하게 중국에 대한 그들의 감정적, 가치적 경도에서 온 것으로 실로 '아시아주의'라 부르기 적합한 것이었지만 그 자체는 그들의 대외정책론과는 직접 관계가 없는 것이었다. 한발 더 나아가면 그들의 대청 문화교육활동은 군령 기관과의 연계를 제외하면 국제 관계의 변동과는 무관하며 마찬가지로 고노에나 동아동문회가 관계한 국민동맹회의 대러 운동과는 차원이 다른 일이었다.

어느 쪽이든 구가의 '북수남진론'에서 '지나 보전론'으로의 전환은 조선 문제를 둘러싼 러일 관계의 변화 및 그 인식에 기반한 것으로 이 경우에도 '구미협조주의'나 '아시아주의'라는 '사상' 레벨의 문제는 아니었던 것이다.

세계적인 식민지 획득 경쟁 – 임박한 구미의 아시아 침략②

다음으로 보다 일반적 의미에서 '임박한 구미 열강의 아시아 침략'을 강조하는 관점에 관해서인데 이 경우도 세계적인 식민지 획득경쟁이 일어나기 이전과 일어난 이후라는 두 가지로 나누어 생각할 수 있다. 전자의 경우 세계적으로는 아직 현실이 되지 않았지만 일본만이 조선 혹은 만주로 팽창하고자 가까운

제4장 결론

장래 구미 열강의 아시아 진출을 강조한 것이다. '아시아 개조론'을 주창한 후쿠자와 유키치나 '동인종 동맹론'을 주창한 야마가타 아리토모에게서 우리는 그 전형을 발견할 수 있을 것이다.

후쿠자와가 『시사소언』 등에서 구미 열강의 아시아 침략이 임박했음을 강조했을 때에는 영·독·불·러 등의 식민지 획득 경쟁은 아직 현저하지 않았다. 야마가타가 장래의 '황백 두 인종'의 대립을 강조했을 때 미국을 제외한 서양 열강은 1차대전이 한창으로 아시아에 진출할 수 있는 상황은 전혀 아니었다. 그같은 상황에서 일본만이 이른바 선취하는 형태로 조선이나 만주에 진출하고자 할 때 가까운 장래의 구미 열강의 아시아 침략이 마이너스 심볼로 강조되고 이에 대비하기 위한 것으로 일본의 조선이나 만주로의 진출이 정당화된 것이다.

반대로 이같은 세계적인 식민지 분할 경쟁이 개시된 뒤라면 일본의 동아시아 진출은 특별히 정당화를 필요로 하지 않게 된다. 제1장에서 본 아오키 슈조나 제2장에서 본 도미즈 히론도 등의 논의에서 이 전형을 볼 수 있다. 그들은 구미 열강이 식민지 획득 경쟁에 올라 탔음을 기쁘게 받아 들이고 그 문맥에서 아오키는 타이완·조선의 점령을, 도미즈는 조선 및 만주 영유를 조금의 거리낌도 없이 공연히 주장했다.

여기서 주목할 것은 도미즈의 경우 그 이전의 대외론을 알 수 있는 사료가 없지만 아오키의 경우 1883~1884년의 세계적인 식민지 획득 경쟁이 일어나기 전에는 러시아의 조선 영유를 막기 위해 청일 양국은 제휴해야 한다는 주장을 펼쳤던 점이다. 1883~1884년 이전과 이후에서 특히 조선 문제를 둘러싼 러일 관계에 명확한 변화는 보이지 않기에 아오키의 전환 이유는 무엇보다 세계 대세의 변화에서 찾을 수밖에 없을 것이다. 그리고 세계 대세의 변화가 일단 일어나면 아오키나 도미즈뿐 아니라 『자유신문』도 후쿠자와 유키치도 구가 가쓰난도 종전의 대외론을 간단히 포기하고 '탈아론'·'만주 분할론'으로 전환해 갔던 것은 제1장, 제2장에서 본대로다.

달리 말하면 세계 대세로서 '구미'의 아시아 침략이란 이미지는 그 현실화 이전에는 이를 대비하기 위한 방어 체제의 필요라는 형태로 선취적인 팽창정책의 논거가 되었다. 그리고 그것이 현재화되면 그 일환으로 일본의 동아시아 진출을 위치 짓는 것으로 사용되었던 것이다. 전자의 경우에 구미는 마이너스 심볼로 사용되고 그 때문에 이에 대비하기 위한 일본의 아시아 진출은 아시아주의적인 '표현'을 취했으며, 후자의 경우 구미 열강의 식민지 획득 경쟁은 낮춰 어림잡아도 필요악으로 긍정되었기에 일본의 동아시아 진출은 '탈아론'적인 색조의 논의에서 정당화된 것이다.

이를 요약하면 메이지·다이쇼 시기의 '구미' 이미지에는 세 종류가 있었던 것이 된다. 첫째는 일본의 동아시아 정책의 구체적인 라이벌로서의 러시아를 일반화하여 이야기된 경우이고, 둘째는 일본의 선취적인 동아시아 진출을 정당화하기 위해 대항적으로 강조된 가까운 장래에 일어날 '구미'의 아시아 침략이며, 셋째로는 식민지 획득 경쟁이 세계의 대세가 되었을 때에 이른바 순응적으로 이야기되는 '구미' 이미지다. 첫번째의 경우 러시아의 위협 정도가 크면 클수록 대외론은 '아시아주의'적 색채를 강하게 보이며 약화되면 '구미협조주의' 혹 '탈아론'적 색채가 강해진다. 두번째의 경우에는 '아시아주의'적 색채가 강하며 세 번째 경우에는 '탈아론'적 색채가 강해지는 것이다.

중국의 역량에 대한 경계 – 중일 대립①

'아시아주의'와 '탈아론'이라는 외견상 서로 대립하는 의론이 등장하거나 후퇴하거나 하는 또하나의 중요한 요인으로 '구미'와는 전혀 관계 없는 조선·만주 문제를 둘러싼 중일 대립도 무시할 수 없다. 후쿠자와 유키치가 자신의 조선 개조론을 조선만이 아니라 중국도 포함한 '아시아 개조론'으로 끝까지 주장할 수 없게 되어 마침내 '탈아론'을 주창하기에 이른 최대의 원인은 중국이 예상 외로 강력하고 또한 조선 지배를 강화하고자 했기 때문에 조선에 친일파 정권을 수립한다는 그의 조선 개조론이 결국 실패로 끝난 데 있다. 임오군란에 의해 중국 군사력의 강대함을 실감하기 이전에는 조선 개조론을 '아시아 개조론'으로 묘사할 여유가 있었으나 임오군란을 기점으로 조선 개조=청일 대결론으로 변화했으며 갑신정변 발발로 조선 내의 친일파가 일소되기에 이르자 마침내 '탈아론'을 주창하게 되었던 것이다.

마찬가지의 일은 야마가타 아리토모의 경우에도 보인다.

그는 중국의 국내 통일이 유지되고 또한 만주의 권익을 탈환하고자 하는 자세가 강한 동안에는 '탈아론'적 문맥에서 러일이 협조하여 중국의 권익 회수 요구를 억누를 것을 주장했고 신해혁명 이후 중국 국내의 분열이 현재화되자 이번에는 동인종 동맹론적인 문맥에서 만주 권익 확대를 꾀했던 것이다.

중일 관계를 기축으로 하여 후쿠자와가 '아시아주의'에서 '탈아론'으로, 야마가타가 '탈아론'에서 '아시아주의'로 전환된 패턴 속에서 특히 주목할 점은 두 가지이다. 첫째 '탈아론'의 최대 계기는 중국에 대한 경시나 실망이 아닌 역으로 중국의 역량에 대한 경계에 있었다는 점이다.

이는 지금까지의 '탈아론' 이해중 가장 오해된 점이다. 후쿠자와가 '탈아론'으로 묘사해 낸 '언어'를 사료 비판 없이 그대로 믿고 그 사상적 의미를 다양하게 논의해 온 것이다. 후쿠자와가 조선이나 중국이 언제까지나 문명화되지 않기 때문에 일본은 더 이상 기다릴 수 없다 기술했다고 해서 그것이 곧바로 후쿠자와의 동아시아 정세 인식이라 할 수 없음은 제1장에서 논증한 대로다. 대외 이미지의 중시에 관해 이리에 아키라가 의문을 제기한 것도 이와 관련되어 있다. 중국의 강대함으로 인해 자신의 조선 개조 정책이 막혀버린 후쿠자와가 조선·중국이 언제까지고 문명화, 강국화 노력을 하지 않기 때문에 '탈아'한다고 정반대로 썼던 것이다. 만일 이 경우에 후쿠자와의 '언어'만으로 후쿠자와의 대외 이미지를 이해하고 현실에서 벌어진 대외 관계와의 관련을 문제로 삼는다면 외교사 연구는

제4장 결론

풍부해지는 것이 아니라 반대로 혼란이 늘어날 뿐이다.

덧붙여 후쿠자와는 이 시기에 일관되게 '강한 중국' 인식을 가졌음에도 불구하고 어째서 『시사소언』이나 「탈아론」에 언급된 후쿠자와의 '약한 중국' 인식만이 주목되고 고착화되었을까라는 것 자체가 하나의 연구 대상이 될 만한 문제로 보인다. 청일전쟁 이전은 어찌되었든 러일전쟁 이후의 중일 관계는 확실히 일본에 의한 중국 침략의 역사로 또한 이 침략이 중국의 저항에 의해 곤란에 빠질 때마다 일본 국내에서 중국 멸시적인 발언이 증대해 갔던 것도 동시에 사실이다. 그리고 2차대전 패전 이후 이에 대한 반성이 일본의 역사 연구자 사이에 강하게 의식되기에 이른 것도 당연한 일이다. 그러나 이로부터 메이지·다이쇼 시기 일본인의 중국관도 마찬가지였을 것이라 믿어버리게 되어, 중국 멸시적인 '언어'가 있으면 이를 그대로 일본인의 아시아 멸시로 이해해버리는 경향이 나타났다고 한다면 이는 극히 비역사적 태도라 할 수 있다.

야마가타 아리토모의 예에서 보이듯 일본은 러일전쟁 이후에도 끊임없이 중국 국민의 남만주 권익 반환 요구에 직면해 있었다. 러일전쟁 직후에 독일 주재 무관이었던 우가키 가즈시게는 일기에서 "나는 전망한다. 금후의 대러 전쟁에서는 지나를 우리편으로 할 것인가 적으로 할 것인가라는 두 가지가 있음을. 후자는 우리 실력으로 이를 감당할 수 있을 때 실로 장쾌히 극동 문제를 전쟁 한번으로 해결할 수 있다. 만일 전자로 나갈 때는 청일이 협동해 러시아를 극동에서 구축해도 하늘에 두 개의 태양이 있을 수 없듯 뒤이어 오는 것은 극동 패권을 향한 청일의 투쟁일 것이다"[3]라 하였다. 러일전쟁과 이에 이은 북경조약에 의해 남만주 특수권익을 중국에 승인시킨 시점에서도 중일 관계는 '하늘에 두 개의 태양이 있을 수 없'는 것으로 간주·이해되었던 것이다.

제3장에서 검토한 것처럼 이같은 '강한 중국' 인식이 전환되어 중국에 대해 '아시아주의'적인 대외론을 주장할 수 있게 된 것은 신해혁명 이후 중국의 계속된 내분 때문이다. 1928년 장제스가 이끄는 국민당군의 북벌이 일단 완료되었을 때 육군 중령 시게토 지아키重藤千秋가 "물자는 빈약하고 임금은 높은 일본이 대중국 경제를 오늘의 상태로 있도록 할 수 있는 것은 지나의 내분에서 오는 지나 생산의 부진에 기인함이 없지 않다. 이에 우리는 일본이 중국에서 발전하는데 중국 통일이 무조건 필요하다 할 수 없다"(『우에하라 유사쿠 관계문서』, p.210) 라고 한 것은 이를 상징적으로 보여주는 것이라 하겠다.

현상유지론으로의 '탈아론' ― 중일 대립②

후쿠자와와 야마가타의 중일 대립을 기축으로 한 '아시아주의'와 '탈아론'에 관해 주목할 두 번째는 양자 모두 '탈아론'을 내세웠던 시기의 대외론이 팽창주의가 아닌 현상유지론이었다는 점이다. 후쿠자와가 「탈아론」이란 제목의 사설에서 금후 일본도 서양 열강과 동일한 방식으로 조선·중국을 다루겠다 했기

---

3) 『우가키 가즈시게 일기』 I, みすず書房, 1968, p.52.

제4장 결론

때문에 '탈아론'은 아시아 침략론의 대명사와 같이 취급되어 왔다. 그러나 이미 제1장에서의 분석을 통해 알 수 있듯 후쿠자와의 '탈아론'은 그가 조선 개조론을 최종적으로 포기했다는 선언에 불과하고 그 때문에 후쿠자와는 그 이후 청일전쟁의 발발에 이르기까지 오히려 조선 진출론을 포기했던 것이다. 달리 말하면 후쿠자와의 동아시아 정책은 조선 개조론을 주장했을 때에는 팽창주의적이었지만 이를 포기하고 '탈아론'을 주장하기에 이르러 오히려 현상유지적이 되었던 것이다.

야마가타의 경우에도 '탈아론'적 대외론이 만주 문제의 현상유지 정책과 결부되어 있고 역으로 '아시아주의'적 대외론이 팽창주의적 정책과 짝을 이루고 있었음은 제3장에서 밝힌 대로다.

물론 이는 '탈아론'이 언제나 현상유지론과 결부되었다는 것을 의미하지는 않는다. 이는 제1장에서 검토한 아오키 슈조나 제2장에서 검토한 도미즈 히론도의 '탈아론'적 대외론을 상기하면 명백할 것이다. 특히 아오키와 후쿠자와의 대비는 흥미롭다. 아오키는 그가 조선 문제에 관해 현상유지적 정책을 주장했을 때에 '아시아주의'적 용어로 '청일협조론'을 주장했고 팽창주의적 정책을 주장하기 시작했을 때는 '탈아론'을 전개했다. 반대로 후쿠자와는 팽창주의적 정책을 주장했을 때에 '아시아 개조론' 혹은 '조선 개조론'을 아시아주의적 색조로 전개했고 '탈아론'을 주장한 후에는 오히려 현상유지적이 되었던 것이다.

친일 정권 수립

셋째로 일본이 그 지배 하에 두고자 한 조선 및 만주에 친일 정권을 만드는 것을 중시했는가라는 요소를 생각해야 한다. 여기에서 많은 점이 공통된 후쿠자와와 야마가타의 대외론 사이에 비로소 차이가 나기 시작한다. 후쿠자와가 생각했던 의미에서의 조선 개조론을 다이쇼 초기의 만몽 독립운동 속에서 발견하는 일은 무리다. 혹 만주사변 이후의 만주국 건국 속에서 동일한 타입의 대외론이 보여질지 모르나 사정이 너무 다르기에 무리한 비교는 피하고자 한다.

한마디로 '아시아주의'나 '탈아론'을 말해도 첫째로 '구미'에 관한 인식에서, 둘째로 중국의 역량 혹 조선 및 만주를 둘러싼 중일 관계의 인식에서, 셋째로 일본이 진출하고자 한 조선 혹 만주 자체의 친일화를 중시하는가 여부에 따라 개개의 '아시아주의'나 '탈아론'은 전혀 다른 대외론이 되는 것이다. 제1장에서 제3장에 이르는 개별 분석에서는 이들 세 항목에 관해 각각 검토를 하고자 했다.[4]

---

4) [원주] 다만 제3장에서는 오로지 중일 관계에서 오는 '탈아'→'아시아주의'→'탈아' 문제에 분석이 한정되어 있고 제1·2장에서 검토한 '구미'의 문제에 관해서는 검토하지 못했다. 이 점에 관한 사견은 가까운 시일에 별도의 형태로 보완하고자 한다.

제4장 결론

왜 '아시아 연대'·'탈아'라는 표현이 사용되었던 것일까

마지막으로 분석 대상을 대외인식 및 대외론 레벨에 한정한 본서의 방법에 대해 당연 일어날 법한 의문에 관해 약간의 보완을 하고자 한다. 본서에서 다룬 정치가·사상가의 대외인식 및 대외론이 설사 본서의 분석대로였다고 해도 그들이 '아시아주의'적 표현이나 '탈아론'적 표현을 굳이 사용한 것은 국민들에게 그 어느 쪽인가에 반응하기 쉬운 경향이 있었기 때문은 아닐까라는 의문이다. 달리 말하면 누군가 어느 이데올로기를 강조하는 이유는 그같은 이데올로기가 널리 국민 사이에 뿌리내려 있기 때문이므로 그렇다면 국민의 대외관 레벨에서는 '탈아론'도 '아시아주의'도 의연히 존재하고 있었던 것은 아닐까라는 의문이다.

이같은 의문에 대한 해답은 본서에서 다룬 정치가·사상가, 신문이 그 '대외관' 혹 '대외사상'을 몇 년 사이에 180도 전환한 경우라도 그 지지자나 독자 사이에 현저한 이탈이 있었다고는 생각할 수 없다는 점에서 찾을 수 있을 것이다. 혹 가령 1960년의 안보 문제 전후에 어느 정치가나 사상가가 안보 반대에서 안보 찬성으로 바뀌었다면 그 정치가나 사상가는 '혁신' 진영에서 '보수' 진영으로 옮기지 않을 수 없을 것이다. 메이지 중기부터 다이쇼 초기에 걸친 '아시아주의'에서 '탈아론'으로의 변화나 그 반대로 바뀐 '대외사상'의 전환에서 그같은 진영 변경은 일어나지 않았다. 이데올로그뿐 아니라 그 지지자 사이에서도 '탈아'인가 '아시아주의'인가의 문제는 '사상' 레벨의 문제가 아니라 이데올로그와 마찬가지로 구체적인 대외 인식 및 대외론 레벨의 문제로 받아들여졌기 때문에야 말로 그 같은 일이 가능했던 것은 아닐까.

그렇다면 마지막으로 남는 문제는 누구도 믿지 않는 '아시아 연대'라든가 '탈아'라고 하는 '표현'이 어째서 사용되었는가라는 의문일 것이다. 달리 말하면 동아시아로의 팽창 정책이든 동아시아의 현상유지(기득권익 확보)든 구체적인 정책론 문제가 어째서 '아시아주의'적인 혹은 '탈아론'적인 '언어'로 이야기되지 않으면 안 되었던 것일까라는 의문이다.

본서에서 정치가나 사상가의 '표현'이 실제로 의미했던 것을 '대외 인식'·'대외론'으로 다시 파악한 결과, '아시아 연대'·'탈아'·'구미의 침략'·'아시아의 약체성' 등등의 '언어'와 그 '언어'를 사용해 주장되고 있는 '대외 인식'·'대외론'과의 사이에는 매우 거리가 있고 때로 정반대였던 경우조차 다수 있음을 밝혀냈다. 그렇다면 어째서 그같은 '언어'가 메이지 10·30·40년대 그리고 다이쇼 시기까지도 즐겨 사용되었는가라는 의문이 남는 것이다.

이 의문은 본서의 분석이 끝난 시점에서 나왔기에 이에 대한 해답을 논증해가며 제출할 수는 없다. 그러나 본서 분석을 통해 내가 계속 느꼈던 인상 수준의 것이 없지는 않다. 가령 후쿠자와 유키치가 조선에 친일 정권을 수립해 근대화를 이루고 일본의 보호 하에 조선을 두고자 한 정책을, 첫째로 '구미'의 아직 현실화되지 않은 아시아 침략의 위험을 호소하며 둘째로

제4장 결론

 이 조선 정책을 '조선·지나'의 개혁론인 것처럼 묘사한 것을 보았을 때의 내 인상은 후쿠자와가 일본의 조선 진출을 정당하다고 믿을 수 있는 근거를 필사적으로 찾고 있었다는 것이었다. 반대로 말하면 후쿠자와조차 일본의 조선 팽창 과정속에서 자국의 이해관계를 넘어선 일관된 논리의 정당성을 발견해 낼 수 없었던 것이다.

 일본이 아시아에서 유일한 서양 문명의 흡수자라는 이유만으로는 러시아가 조선을 '문명화'하는 것을 막을 수 없다. 아시아의 일은 아시아의 손으로라는 논리에서는 중국의 조선 지배 강화에 반대할 수 없다. 결국 후쿠자와에게 필요한 것은 러시아='구미'도 아니고 중국='아시아'도 아닌 일본만이 조선에 진출할 자격이 있다라는 근거였던 것이다.

 '일본의 독립' 위협은 이같은 근거로 불충분하다. 왜냐하면 러시아도 중국도 마찬가지로 일본의 조선 진출이 자국의 독립을 위협하는 것이라 주장할 수 있기 때문이다. 그러나 과연 그같은 근거를 당시 일본에서 찾아내는 것이 가능했을까. 후쿠자와는 그 같은 정당성을 찾지 못한 채 제1장에서 기술한 대로 조선 국내 친일파의 존재를 최후의 논거로 삼았다.

 일본 자신이 가진 고유의 가치로 일본의 조선이나 만주로의 진출을 긍정하는 것이 불가능하다면 그 팽창의 긍정은 구미의, 중국의, 조선·만주 자체의 동향이라는 일본의 외부 동향 및 그 동향을 정당화하는 '언어'로밖에 이룰 수 없다. 그리고 이들 '언어'와 동아시아 국제 관계내 일본의 현실 사이에는 당연히 거리가 있기 때문에 구체적인 대외인식이나 대외론과 그 '표현' 사이가 딱 맞지 않게 된 것이다.

이는 요컨대 일본이라는 '신체'는 팽창을 바랐고 실제로 팽창을 계속해 갔지만 이를 일관되게 정당화하는 '가치'를 일본 안에서는 끝내 발견하지 못했고 또한 그 같은 '사상'을 형성할 수도 없었던 것이다. '신체'는 있었어도 '신체의 사상'은 존재하지 않았다 하겠다.

후쿠자와 유키치로 본 메이지 초기의 내정과 외교

1.

메이지 10년대(1877~1886) 후쿠자와의 대외관이 당시의 다른 정치가·사상가·저널리스트와 비교해 특별히 독특한 것은 아니었다. 1882년 임오군란에서부터 1885년의 텐진조약 체결까지의 약 3년 간 조일朝日·조청朝淸 관계가 긴박해지는 분위기에서의 대외론을 문제로 한다면 후쿠자와의 『시사신보時事新報』 논설보다도 누마 모리카즈[1] 등 『동경횡빈매일신문東京橫濱每日

---

§) 이 보론은 「福澤諭吉にみる明治初期の內政と外交」『近代日本の外交と政治』硏文出版, 1985를 해설자 가루베 다다시 선생의 추천과 저작권자의 승인을 얻어 번역한 것이다.

1) 누마 모리카즈(沼間守一, 1844~1890). 막부 말기의 막신(幕臣)으로 메이지유신 직후 메이지 신정부군에 맞서 전투를 벌이기도 했다. 메이지

新聞』의 논설이 더 주목할 만하다고 여겨진다. 1882년 7·8월의 조선 임오군란에 직면해 후쿠자와는 "설령 일시적으로 정부가 완명당頑冥黨2)의 손에 떨어지는 모습을 드러내도 그 나라 최상 최귀最上最貴한 금왕今王의 진의眞意가 아니며, 본래부터 개진자改進者들의 무력에 나온 것이라면 우리 일본은 양국 교제의 정의情誼를 위해 또 우내宇內 문명의 보호를 위해 잠시 우리 병력을 빌려주어 저 국토 전면의 미무迷霧를 없애는 것은 우리나라의 덕의상 사양할 수 없는 의무이다"(「조선정략」1882.8.4.)라고 공공연한 조선 내정간섭론을 전개했다. 이에 대해 『동경횡빈매일신문』은 『시사신보』 기자(= 후쿠자와)가 "정치적 문제는 뛰어나지 않다"고 비꼬며(1882.8.11.), "논자는 조선과 일본은 모두 동등한 독립국이라는 대의를 망각해서는 안된다. 그 내정은 그 나라 사람이 이를 다스리는 것으로, 구태여 타인의 지휘를 받는다면 독립국의 실태가 없음을 망각해서는 안된다. 방국邦國과 정체政體는 별도로 일체가 아님을 망각해서는 안된다. ⋯ 정부의 변혁은 방국의 독립을 부인해서는 안된다. ⋯ 이는 오늘날 우내宇內[세계] 공행公行의 조규로 각국이 인정해 결코 범하지 않는 바이다"(1882.8.10.)라 비판했다. '국체'와 '정통政統'과 '혈통'을 구별해 "정통의 변혁은 국체의 존망에 관계하는 것이 아니"라 단언하고 "결국 국체의 존망은 그 나라 사람이 정권을 잃느냐 잃지 않느냐에 있다"는 것을 분명히

초기에 사법성, 원로원 등에 출사했으나 1879년 사직 후 『동경횡빈매일신문』 사장으로 자유민권운동에 투신했다.
2) 완명: 완고하고 미욱함.

밝힌 것은 7년 전 후쿠자와 자신이었다(『문명론의 개략文明論之槪略』1권). 이제 후쿠자와는 자신의 이전 이론에 의해 자신의 조선간섭론을 비판당하고 있는 것이다. 달리 말하면 1882년에 『문명론의 개략』의 계승자는 누마 모리카즈 등으로 후쿠자와 자신은 아니었다.

이 한가지로부터도 알 수 있듯 메이지 10년대 후쿠자와의 대외론은 사상가 후쿠자와 유키치의 평가를 떨어뜨리기 위한 절호의 소재다. 후쿠자와의 '고도의 상황적 사고'에 기반한 정치론 속에서도 거의 일관된 '정치원리'를 찾아낼 수 있다고 주장한 마루야마 마사오丸山眞男조차 후쿠자와의 국제정치론에 관해서는 동일한 기저적 원리의 일관성이 존재하지 않음을 인정하고 있다.[3] 도야마 시게키도 임오군란 직후 후쿠자와의 대외론 가운데 내정론도 포함한 "지금까지의 발언 그 자체의 가치 일체를 자기부정하는 것이 될지도 모르는 중대한 영향"을 찾아내고 있으며,[4] 히로타 마사키도 이 전후의 후쿠자와 대외론 및 그와 관련한 내정론을 "'하류인민下流人民'을 버리고 … 권력에 몸을 기울여 간" 모습으로 파악해내고 있다.[5]

위대한 사상가의 저술은 위대한 시기에 쓰여진 것을 읽을 때야말로 우리들에게 도움이 되며, 그 위대함을 잃은 후의 저술은 후쿠자와 연구자 이외에는 쓸모 없는 것이 아닐까. 그렇

---

3) 마루야마 마사오「解題」『福澤諭吉選集』4, 1952, pp.412–413.
4) 遠山茂樹『福澤諭吉』東京大學出版會, 1970, pp.167–173.
5) ひろた・まさき『福澤諭吉』朝日新聞社, 1976, p.204.

다고 한다면 임오군란 이후 후쿠자와의 제론諸論은 특별히 읽을 가치가 없는 것이 되어버릴 것이다.

그러나 여기서 우리는 마루야마가 지적한, "후쿠자와의 정치론이 고도로 상황적 사고에 기반하고 있다"[6]는 문장을 다시 한번 재음미할 필요가 있을 것이다. '상황적 사고'를 특징으로 하는 사상가의 논술의 진의는 그 논술이 이루어진 상황과의 관련에서 비로소 분명해지는 것임은 지금까지 종종 지적되어 왔다. 그러나 후쿠자와의 경우에 성가신 점은 후쿠자와가 동시대인으로 가지고 있던 상황 인식과 동일한 정도의 상황 인식을 오늘날의 우리들이 가질 수 있을 만큼 일본 근대사 연구가 진보하지 않았다라는 점이다. 후쿠자와가 동시대적으로 가지고 있던 정보와 인식이란 근대문명론, 국가·정체론에 그치지 않고 현실 정치·경제·외교에 관한 톱 클래스의 그것이었다. 후쿠자와의 상황적 발언이란 이른바 그 총체에서 나온 것이다. 다시말해 후쿠자와의 상황적 발언은 그 당시에 후쿠자와가 인식한 총체적인 상황구조에 기반하고 있는 것으로, 우리들이 그 정도의 인식을 가지지 않는 한 후쿠자와의 과장된 표현에 휘둘려 그의 끊임없는 전향을 논하게 되는 처지에 놓일 뿐이다. 이같은 가설 아래에서 우리들이 후쿠자와와 같은 정도의 상황구조적 인식을 가질 수 있다면 메이지 10년대 후쿠자와의 대외론에서도 지금까지의 평가와는 상당히 다른 점을 발견할 수 있지 않을까.

---

6) 마루야마 마사오「解題」『福澤諭吉選集』4, 1952, p.412.

2.

이상과 같은 관점에서 메이지 10년대 후쿠자와의 대외론을 구체적으로 재평가하기에 앞서, 우선 일반론적으로 제시되는 상황구조와 상황적 발언의 관련에 대해 조금더 구체적으로 검토해 두고자 한다.

보통 후쿠자와 국제정치론의 변천, 혹은 후쿠자와에 있어 민권과 국권의 비중 변화의 궤적은 『문명론의 개략』(1875), 『통속국권론通俗國權論』(1878), 『시사소언時事小言』(1881), 「동양의 정략 과연 어떻게 할 것인가」(1882), 「탈아론」(1885) 순서로 설명된다. 뒤로 갈수록 그의 국제정치론에서 "힘은 정의다"의 비중이 증가하고 또한 민권에서 국권으로 비중이 높아져 간 것으로 여겨진다. 후쿠자와의 표면적인 주장에 관한 한 나도 다른 의견은 없다. 그러나 후쿠자와가 구미 열강의 문명을 상찬하는가 그 침략의 위험에 경종을 울리는가의 차이, 그가 민권의 중요함을 이야기하는가 이를 국권확장을 위한 수단으로 위치짓는가의 차이, 나아가 내치內治 우선을 이야기하는가 외사外事를 위한 군비확충를 강조하는가의 차이 등등을 논하기 전에 각각의 시점時點에서 후쿠자와가 품고 있던 상황구조의 인식을 아는 노력이 필요하다고 생각된다. 『문명론의 개략』이 쓰여진 1875년 4월이라는 시점에서 후쿠자와가 무엇 때문에 구미 각국의 아시아 침략의 위험을 이야기할 필요가 있었던 것일까. 『통속국권론』이 간행된 1878년 9월이라는 시점에서 "백 권의 만국공법은 수 문의 대포만 못하다"라는 약육강식의 국제관계가 어째서 강조되지 않으면 안되었던 것일까.「동양의 정략 과연 어떻게 할 것인가」가 쓰여진 1882년 12월에『문명론의 개략』에서의 내치 우선론을 자기비판하기에 이른 원인은 무엇일까.

1875년 4월 전후로 구미의 아시아 침략에 경종을 울리고 국가 독립의 중요함을 강조하지 않으면 안되는 대외관계로는 조약개정과 조선·청국 문제밖에 생각할 수 없다. 그러나 후쿠자와는『문명론의 개략』에서 "지나인支那人이 갑자기 병제兵制를 개혁하고자 서양풍을 따라 거함巨艦을 만들고 대포를 사 국내 사정을 되돌아보지 않고 함부로 재용財用을 소비하는 일은 내가 늘 바람직하지 않다 여기는 바이다. 이러한 사물은 인력으로 만들 수 있다. 돈을 쏟아 살 수 있다. 유형有形 중의 가장 현저한 것으로 쉬운 것 중에도 가장 쉬운 것"(1권)이라 논하고 또한 "무력에 편중한 나라에서는 자칫 전후의 고려도 없이 함부로 병비에 돈을 쓰고, 돈을 빌리기 위해 스스로 나라를 쓰러뜨리는 일이 없지 않다"(6권)고 했다. 더욱이 "지금 일본에서도 무비를 갖추기 위해 포함은 물론, 소총·군복에 이르기까지도 열에 아홉은 외국 물품을 떠받드는 바가 없지 않다. … 때문에 지금의 외국 교제는 병력을 충분케 하여 유지할 수 있는 것이 아니다"(6권)라고 경고하고 있다. 이 후쿠자와의 입장은 당시 메이지 정부 내부에서 내치우선파와 외정파의 대립 속에서 분명히 내치우선파의 입장과 일치하는 것이었다. 1873년 10월 정한征韓 논쟁에서는 내치우선=식산흥업의 필요를 주창해 정한파에 승리한 오쿠보 도시미치大久保利通 등도 이듬해인 1874년의 타이완 침공에 의한 청일 관계의 긴박화 속에서 외정파에 눌려 헛되이 대외 문제에 비용 지출을 거듭해 긴요한 식산흥업에 착수할 수 없게 된 것에 노심초사했다. 1874년 말에는 대장성大藏省 조세두租稅頭 마쓰카타 마사요시松方正義는 "유한한 화폐를 무한한 수출에 사용해 버리면 그 폐해가 그치는 바를 알 수 없다. 현화現貨는 더더욱 고갈하여 현화와 지폐가 몇배고 서로 맞지 않게" 될 것이라 경고하고 나아가 이듬해 1875년에는 같은 관점에서 조약개정의 필요를 호소해 운요호 사건을 계기로 한 제2차 정한론에 반대하고 "지금 다시 정한의 병사를 일으키면 행군 하루에 수만의 현화를 소비할지 모른다. 결국 나라 전체에 현화가 사라지고 오직 지폐만이 남는 날"이 올 것이라 경고했다.

그렇다면 후쿠자와가 『문명론의 개략』에서 국가 독립의 중요성을 강조하고 구미 문명국의 아시아 침략의 위기를 강조한 것은 정한론자나 청일 개전론자에게 동조했기 때문이 아니라 이에 반대해 내치우선파를 옹호하기 위한 것이 된다. 일견 모순된 후쿠자와의 주장은 외정론과 나란히 또 하나의 중요한 대외과제였던 조약개정 문제를 생각하면 이해 가능하다. 당시 내무성과 나란히 내치우선론의 선봉에 있던 대장성은 동아시아에서 긴장을 회피해 조약개정에 의해 "해관의 세권稅權을 우리에게 되돌리는 것"에 전력을 다해야 한다고 역설했다. 『문명론의 개략』에서 후쿠자와가 '외국교제의 성질'(6권)을 상세히 논하고 구미 문명국에 대한 과도한 낙관을 경계한 것과 동시에 양이론을 배척하고 '국민의 문명화'를 '국가의 독립' 수단으로 정당화하고자 힘껏 노력했음(6권)을 읽으면 나는 후쿠자와가 외정론에 의해 부풀어오른 내셔널리즘을 조약개정론 지지로 전환시켜 내셔널리즘의 고양과 식산흥업정책을 양립시키고자 한 것으로 생각하지 않을 수 없다.

이상과 같이 동아시아에서의 긴장을 실제로는 회피하고 다른 한편 이 긴장으로 팽창된 내셔널리즘을 조약개정론으로 향하게 해 국내에서 식산흥업을 추진하고자 한다는 입장을 후쿠자와가 취했다고 한다면, 개별 문장 속에서 약육강식의 세계상이 어떻게 강조되었든 『문명론의 개략』으로 "자연법 사상에서 레종 데타(국가 이성)의 입장으로의 과도過渡를 표현하는 것"[7]이라는 평가에 다다를 수는 없다고 생각된다. 이는 다음 전기轉機로 여겨지는 1878년 9월의 『통속국권론』에 관해서도 잘 들어맞는다. 후쿠자와의 『통속국권론』은 그 마지막 장의 "백 권의 만국공법은 수 문의 대포만 못하고, 수 책의 화친조약은 한 상자의 탄약만 못하다"라는 한 구절 때문에, 혹은 그 서언에 있는 "국내에서 민권을 주장함은 외국에 대해 국권을 주장하기 위함이다"라는 문구 때문에 극히 중시되어 온 저작이다. 말할 것도 없이 후쿠자와가 자연법적인 세계상에서부터 약육강식의 세계상으로, 혹은 민권에서 국권으로 전환했다는 것을 보여준다고 중시되어 왔던 것이다. 그러나 그 총론을 읽

---

7) 마루야마 마사오 「解題」 『福澤諭吉選集』 4, 1952, p.417.

으면 후쿠자와의 관심은 식산흥업과 수입 초과의 모순이라는 세이난 전쟁 후의 일본 경제가 직면하고 있던 난제를 국민에게 이야기하는 데 있었다. 아래와 같이 말한 것이다.

> 정부의 관리 또는 세계의 학자가 천하의 경제 등을 소란스럽게 논의하지만, 그 경제의 근본은 중등 이하의 민간에 있다고 하지 않을 수 없다. 첫째로 일본에서 조세는 대저 백성이 납부하는 바이며 정부의 자산은 온전히 백성에 의해 성립하는 것이다. … 또한 외국의 무역에 관해 수출수입액 균형이 맞지 않아 외국으로부터 들어오는 것이 늘 많다고 하는 이야기가 근래 유행하는데 지금 그 들어오는 물품이 무엇인지 물으니 정부에서 매입한 군함 무기류를 제외하고, … 금액이 많은 것은 옥양목, 모슬린, 당잔^{唐棧}8) 그밖에 모두 일상 중등 이하의 민간에서 사용하는 품목뿐이다. 그렇다면 외국 무역의 근본도 상등 사회에 있지 않고 도리어 민간에 있다고 하지 않을 수 없다. 이상과 같이 가정의 근본은 부인^{婦人}에 있고 천하의 근본은 민간에 있다. 이 말이 과연 사실로 의심할 바 없다면 나라의 부강도 문명도 우선 부인과 민간에 상담하지 않고서는 이룰 수 없는 바가 될 것이다.

그리고 각론에서 상당한 부분은 구미인과의 교제에서 오해를 푸는데 할애되어 있다. 그 때 후쿠자와가 반복해 강조한 것은 외세 배척^{排外主義}과 외세 숭배^{拜外主義}의 양극에서 발생하는 국익의 손해를 적게 하는 것이다. "백성도 조닌^{町人}도 부인도

---

8) 면직물의 일종. 가느다란 면사를 이용한 세로 줄무늬가 특징이다. 에도 시대 산토메지마(棧留縞)라 불리는 면직물 가운데 수입 면직물을 구분해 사용된 용어이기도 하다.

아이도 항상 독립국의 대의를 잊지 않고 외국인에 대해서는 각별히 마음을 써 조금의 권리도 등한시해서는 안된다. 이를 국권^{nationality}을 중시하는 사람이라 말할 수 있다"라든가, "종래 개항장의 무역에서 외국인에 속아 우리 상인들이 손해를 입는 모습을 보니 원인은 대저 조약이 면밀하지 않음에 의한 것이 많다" 등의 문장에서 분명하듯, 여기에서는 구미인과의 교역에서 비굴하거나 무지하지 않도록 이라는 관점에서 '국권'이 강조되고 '서양에 심취한 무리'가 비판되고 있는 것이다.

이같은 『통속국권론』에서 '국권'의 강조가 당시의 식산흥업 → 수출 증대=수입 억제라는 경제 정책과 밀접한 관련을 가지고 있었다는 점은 제6장 「국가를 부유하게 하는 일」에서 더욱 명료해 진다. 즉 "국권을 주장하고 내외의 사정에 상세해져 외국인의 지덕 모두 두려워할 것이 못되어진다 해도 국재國財의 힘이 부족하면 결국 다른 하류로 흘러나갈 수 밖에 없다. … 재물이 있으면 무기를 만들고 또 이를 살 수 있다. … 국권 신장의 근원은 재물에 있음을 알 수 있다"라 한 것이다. 더구나 국권확장을 위해 중시되는 '부국' 수단으로 후쿠자와가 강조한 것은 국산품 애용 및 수출 증대를 위해 국민이 진력하는데 있었다. 즉 "오늘날 민간에 박래품 유행이 점차 성행해 그 기세를 누를 수 없음은 국가 경제에 바람직한 일이 아니다. … 내외 물품을 비교해 무엇을 이용해도 당장 이해득실이 없는 것만큼은 국산품을 취했으면 하는 바이다"라는 '소극적 이재理財'와 "구업舊業을 재흥하고 신업을 창립해 진취하고 일하여 재산을 만든다"라는 '적극적 이재'와의 병용이 이야기되었던 것이다.

이렇게 본다면 『통속국권론』의 최종장에 나오는 "백 권의 만국공법은 수 문의 대포만 못하다" 운운한 문구에 우리들은 너무 중점을 두어서는 안될 것이다. 후쿠자와가 여기에서 강조하는 '국권론'이나 구미 열강에의 회의懷疑는 불평등 조약 하에서 보호무역을 할 수 없다는 악조건에서 수입을 억누르고 수출을 촉진하기 위한 독립심의 배양에 있는 것으로, 그가 여기에서 군비 확장을 논하는 것도 조선·청국에의 침략을 논하는 것도 아니다.

여기에서도 우리들은 후쿠자와의 주장을 당시 메이지 정부의 정책과 대비해 볼 필요가 있다. 1877년 초 세이난 전쟁에 앞서 농민 봉기의 힘에 눌린 정부가 지조율을 지가地價의 3%에서 2.5%로 내렸을 때, 내무성 등 식산흥업을 추진해 온 자들은 이 감세를 식산흥업을 위한 것이라 강변하며 도리어 환영해 왔다. 내무성 소서기관 하시모토 마사토橋本正人는 「수출 무역 증진을 위한 식산 진흥에 관한 의견」이라는 의견서에서 "이번 감세 절약 방침은 위를 손해 입혀 아래를 이익되게 하고 국력을 진기振起시키기 위함에 다름 아님은 본래 논할 것도 없다. 그리고 국력의 진기는 민인民人의 부우富優에서 일어나고, 민인의 부우의 원천은 산업의 융성함에 있을 뿐"이라 하고 있다. 나아가 하시모토는 '산업의 융성'의 중점은 "수출입 피아彼我의 득실을 만회"함에 있다고 하여 구체적으로는 "생사, 차 두 품목을 왕성히 수출하고 면당綿糖 두 물품을 내지에 키워 수입이 가장 많은 물품을 막아야" 함을 주장했다. 후쿠자와의 『통속외교론』에서의 주장과 거의 궤를 같이 하는 것이다.

이같은 식산흥업론은 세이난 전쟁 시기 4천여만 엔의 불환지폐 발행으로 정부 재정이나 국제수지가 명백히 악화되었음에도 한동안 바뀌지 않았다. 불환지폐의 회수라는 과제가 하나 늘어난 만큼 식산흥업 → 수출 증대의 필요가 강조되어 갔다고 하는 편이 정확할지도 모른다. 이는 1879년 6월에 오쿠마 시게노부 대장대신이 "도로·해항 등을 수축, 개량하여 교통 운수의 편의를 높이고 농상공 제 직업을 진작, 성대하게 해 물산의 증식 혹은 수출을 꾀"할 것을 강조한 것으로도 알 수 있을 것이다.

이상에 의해 분명해 진 것처럼 『문명론의 개략』에서 『통속국권론』에 이르는 후쿠자와 논조의 기저에는 정한론 분열 이후 1880년대 중반까지 메이지 정부 내부의 주류로 계속된 내치우선=식산흥업파의 상황 인식과 정책 기조가 공유되었다. 그리고 이 내무·대장 두 성을 중심으로 한 정책 기조는 실제로 지방 경영을 담당한 지방관에 의해서도 지지되었다.

지금까지 후쿠자와의 이같은 면이 충분히 이해되지 않은 것은 첫째로 후쿠자와의 장황하다고도 할 자세하고 친절한 본문이 아닌 화려하고 매혹적인 문구가 아로새겨진 서장이나 종장에 연구자의 눈이 이끌려지기 십상이었기 때문이기도 하나, 1873년부터 1880년에 이르는 정치사가 동시기의 경제사 연구와 충분히 연결되지 않았던 점도 크다. 일본 근대사 연구가 후쿠자와 정도의 상황구조에 대한 인식을 갖지 못했던 것이다.

3.

오쿠보 도시미치에 의해 시작되어 오쿠마 시게노부에 의해 계승된 이같은 식산흥업 정책은 그 목적이었던 수입 억지, 수출 증대에 의한 국제수지 개선을 실현하기도 전에 정부재정 파탄을 불러왔다. 세이난 전쟁 전비 조달을 위한 불환지폐 남발이 인플레이션을 가져온 것이다. 그중에서도 농산물 가격의 등귀는 현저해, 1876년 1섬에 5엔 내외였던 쌀값은 4년 후인 1880년에는 두배로 뛰어올라 10엔을 넘었다. 농작물의 풍흉에 관계없이 국가 세입을 일정하게 확보할 목적으로 도입되었던 지조제도는 이같은 쌀값 등귀에 의해 완전히 다른 결과를 낳았다. 지조제도에 따른 지조는 지권地券 액면의 3%로 정해진 고정세로 농작물 가격의 등귀는 그대로 정부 세입의 실질 감소가 된 데다가 1877년의 감세로 세율 자체도 2.5%로 인하되었기에 정부 세입은 말하자면 이중으로 삭감된 것이다.

심지어 세입 부족만 정부의 재정·경제 정책상의 난제가 아니었다. 식산흥업 정책에 의한 수출 촉진, 수입 감소의 기대에 반해 메이지 10년대 초두의 일본 경제는 수입 증대, 정가正價(=정화正貨)의 유출에 시달리고 있었다. 오늘날로 치면 정부는 극단적인 국제수지 악화에 고심하고 있었던 것이다. 1880년 당시 "현재 대장성의 금고에 존재하는 금은화 및 지금地金 등은 합계 대략 800여만엔에 불과하다"고 하여 전년도와 마찬가지로 900만엔의 은화 유출이 계속되면 "현재의 실가實價로 그 가격을 억제하려고 해도 겨우 1년을 유지할 수 있을 뿐"[9]이라는 상태에 있었던 것이다.

이같은 정화 위기와 세입 부족을 5000만엔의 외채 모집에 의해 극복하고자 한 오쿠마 시게노부의 계획이 외채 모집에 의한 국가적 독립의 상실을 우려한 보수 세력의 반대로 채용되지 않았던 때, 1875~1880년의 정치 상황의 기저에 있던 '내치우선=식산흥업' 정책은 완전히 막다른 길목에 다다랐다. 1880년 8월에는 정화 위기와 세입 부족은 지조개정에 의한 금납화 때문이라 보고 지조를 미납米納하는 것으로 되돌리자는 구로다 기요타카나 오키 다카토의 주장이 한 때 참의의 다수를 차지해 우대신 이와쿠라 도모미조차 일단은 이에 동조했던 것이다. 에도 시대 연공 제도로의 부분적 복귀가 될지 모를 이 미납론은 오쿠마 시게노부·이노우에 가오루 등의 강경한 반대에 의해 저지되었으나 1875년 이래의 낙관적인 고도성장 정책과 이를 전제로 한 정치상황은 이에 급전환하지 않을 수 없게 되었다.

이같은 정치구조의 대전환에 직면하자 '상황적 사고'가인 후쿠자와 유키치는 그 정치론의 전환을 꾀한 것이다. 이미 지적한 바이지만 후쿠자와의 '상황주의'란 나날이, 달달이, 해마다의 정치 상황에 응해 그 주장을 바꾸는 식이 아닌, 보다 장

---

9) 1880년 8월 30일부 구로다 기요타카의 재정 의견, 「산조 사네토미 문서」.

기적인 상황구조의 인식을 전제로 한 '상황주의'였음은 다시금 주목할 점이라 생각한다.

후쿠자와에게 이 전환은 1881년 9월 간행한 『시사소언』에서 시도되었다. 앞서 검토한 『통속국권론』과 비교할 때 우선 눈에 띄는 차이는 '부국'론에서 '강병'론으로의 전환이다. 『통속국권론』에서는 "국권 신장의 근원은 재물"에 있고 "재물이 있다면 무기를 만들거나 이를 살 수 있다"고 이야기한 것이 『시사소언』에서는 "어느 사람의 말에, 부국강병의 방법은 실로 이 말의 순서와 같이 우선 나라를 부유하게 한 연후에 병사를 강하게 하는 방책에 이르러야 하니, 실로 부국하여 강병하지 않음이 없으며 부는 강彊의 근본이라 하였다. 이 말은 도리에 있어 그러한 것처럼 들리지만 사회의 사적事蹟에 있어서는 왕왕 그러하지 않음이 있다"라며 완전히 역전된 것이다. 후쿠자와는 상황구조의 대전환에 있어서는 종종 자신의 직전 주장을 남의 일처럼 비판한다. 여기에서 후쿠자와는 『문명론의 개략』에서 『통속국권론』에 이르는 자기자신의 주장임을 충분히 인지한 채로 '어느 사람의 말'이라 부르고 있는 것으로 생각하지 않을 수 없다.

덧붙여 자주 이야기되는 후쿠자와의 '중국관'에 관해서도 여기에서 조금 언급해 두고자 한다. 『문명론의 개략』에서 후쿠자와가 '부국'이 '강병'보다도 중요함을 강조했을 때, 이 순서를 거꾸로 해 실패한 예로 '지나支那'를 들며 "지나인이 갑자기 병제를 개혁하고자 서양풍을 따라 거함巨艦을 만들고 대포를 사며 국내 사정을 돌아보지 않고 함부로 재용財用을 소비하는 일은 내가 늘 바람직하지 않다 여기는 바이다"라고 논했음은 이미 서술한 바와 같다. 그런데 이제 『시사소언』에서 '강병'이 '부국'에 우선해야 한다고 그 주장을 역전시켰을 때, 이 순서를 잘못해 실패한 예로 등장하는 것 또한 마찬가지로 중국이었다. 즉 "지나의 인민은 경제의 주의인 절검면강節儉勉强의 가르침을 고수하고 또한 상업의 법에도 교묘하여 나라 안에 부호 대고大賈가 많은, 세계의 부국 가운데 하나라 하지 않을 수 없다. 그런데 그 나라의 병사는 결코 강하지 않다. 지금의 모습으로는 향후 자연히 병력의 강성함을 이룰 전망이 없다"(4편)라는 것이다. 이러한 중국이 약하다는 평가는 이듬해인 1882년 11월 간행 『병론』에서 재차 역전되는데 이같은 후쿠자와의 일관되지 않은 평가는 중국 인식의 오류나 변화에서 나온 것이 아니라 하겠다. 후쿠자와 자신이나 후쿠자와가 상정한 당시의 독자에게 '지나'는 단순한 마이너스 심볼로, 그 때문에 후쿠자와는 자기 주장의 반면교사로 제멋대로 '지나'상을 등장시킨 것에 불과했다. 1875년에는 청국이 '부국' 정책을 경시한 나라로 간주되고, 1881년에는 같은 청국이 '강병' 정책을 경시하는 나라로 후쿠자와의 눈에 비추어졌으며, 이듬해인 1882년에는 재차 역전되어 경계해야 할 '강국'으로 비춰졌던 것은 결코 아닌 것이다.

『통속국권론』과 『시사소언』을 비교해 알게 되는 두 번째 커다란 차이점은 바람직한 국민상이다. 1878년의 일본 국민에게 후쿠자와는 구미 여러 국민에 대해 자부심과 경계심을 겸비해 식산흥업에 힘쓸 것을 요구했다. 그러나 1881년의 일본 국민에게 후쿠자와는 국가 재정의 곤궁을 스스로의 책임으로 하여 솔선해 분담할 것을 요구하고 있다.

> 원래 국사 다단多端하다 할 때의 국사란 일본국의 일로, 일본 국민이 이를 부담함은 당연한 의무이므로 그 다단함 때문에 자재資財를 필요로 하는 일이 있다면 그 때에 곧 이를 징수할 수 있을 터이다. 우리는 무엇보다도 이 설을 찬성하지만 어찌할 것인가. 당시 당국자의 소견도 있고 또한 공공연한 국회도 없이 이를 인민에게 꾀할 길을 얻을 수 없다. 급히 조세를 징수해서는 인심이 어떠할지에 대한 우려도 있으므로 지폐세紙幣稅의 방책을 내는 일도 있을 것이다. … 어찌되었든 현재의 지폐든 국채든 모두 인민의 부담으로 이를 상각償却하는 것도 인민 당무當務의 직분이므로 불평을 호소해서는 안된다. 하물며 국회를 연 후에 있어서야.(『시사소언』5편)

후쿠자와가 지지해 왔던 1875~1880년 메이지 정부의 식산흥업 정책이 국제수지와 재정 악화로 완전히 막다른 곳에 몰리자 자신이 바라던 국민상을 이렇게 전환한 것임은 더 이상 말할 필요도 없을 것이다.

이와 관련해 주목할 것은 후쿠자와가 이렇게 정책을 전환하며 국회개설을 매우 구체적으로 요구하고 있다는 점이다. 이는 같은 시기 메이지 정부 내부의 대논쟁을 불러온, 참의 오쿠마 시게노부의 국회 조기개설 의견의 의의를 재고하게 하는 것이기도 하다. 앞서 1880년 8월 미납론을 주창해 농민의 손에 있는 잉여를 빨아들이길 주장했을 때, 참의 구로다 기요타카는 이같은 정책을 채용할 경우에는 "농민 폭동竹槍蓆旗[10])의 변을 일으킬지도 모르지만, 이러한 일을 고려해 헛되이 퇴수退守주의에 안주해 과단한 책을 시행하지 않는다면 어찌 오늘의 곤란을 만회할 수 있겠는가"[11])라 논했다. 그러나 '농민 폭동'에 이르지 않고 국민의 부담 증대를 국민에게 납득시킬 방법이 하나 있었다. 국회를 개설해 농민에게 참정권을 부여하는 것이었다. 오쿠마나 후쿠자와의 이 주장이 메이지 14년 정변에 의해 완전히 퇴출되자 후쿠자와는 재차 전환을 맞이해야 했다.

4.

『시사소언』에서 또 하나의 커다란 전환은 조선 진출론의 등장이다. 『문명론의 개략』 이후 때로 그 어조에서 '국권 확장론'적 색채를 강화한 적은 있어도 이는 어디까지나 구미와의 조약개정이나 무역 문제와 관련된 것이었으며 구미에 대해 일본을 지키기 위한 '국권론'이었다. 그런데 『시사소언』에 이르러 비로소 청국과 대항하더라도 조선 개조에 임해야 한다라는 주장이 등장한 것이다. 즉 "현재 서양의 각 나라가 위세威勢로 동양을 압박하는 양상은 불이 만연한 것과 다르지 않다. 그럼에도 동양

---

10) 竹槍蓆旗 : 죽창과 거적을 장대에 매단 깃발. 농민 폭동을 의미한다.
11) 1880년 8월 30일부 구로다 기요타카의 재정 의견, 「산조 사네토미 문서」.

각국 특히 우리의 근린인 지나·조선 등이 느리고 둔하여遲鈍 그 위력에 대항할 수 없음은 목조 건물이 불에 견딜 수 없는 것과 같다. 때문에 우리 일본의 무력으로 이를 응원함은 오직 다름 아닌 스스로를 위한 것임을 알 수 있다. 무武로써 이를 보호하고 문文으로써 이를 유도해 속히 우리의 예例를 따라 근시의 문명에 들어가게 해야 한다. 혹 불가피할 경우에는 힘으로 그 진보를 협박해도 좋다"(4편)라 한 것이다. 후쿠자와의 아시아 개조론이라 지금까지 불려온 이 주장이 조선의 개조를 목표로 한 것이기는 해도 청국의 개조까지는 포함되지 않았다라는 논증은 지면 관계상 생략하고자 한다.[12] 또한 이같은 조선진출론을 후쿠자와가 주장하기에 이른 한 가지 원인으로, 지금까지 본 것처럼 후쿠자와의 내치우선=식산흥업론과 이를 전제로 한 입헌제로의 점진적 이행론이 막다른 길에 다다른 점에 있음은 쉽게 상상할 수 있을텐데, 이 점의 논증도 훗날에 양보하고자 한다.

다만 여기서 한 가지 확실히 말할 수 있는 것은 후쿠자와가 조선 개조에 흥미를 가져도 이상하지는 않은 한일 관계의 변화가 1880년 즈음부터 일어났다고 하는 점이다.

1875년 운요호 사건을 유발하고 이듬해에 조선 정부를 힘으로 압박해 체결한 강화도조약의 규정은 조선 정부의 저항에 의해 좀처럼 실시되지 못했다. 조약에 의하면 1878년 10월까지 이뤄졌어야 할 원산·인천 두 항구의 개항은 대폭 늦어

---

12) 본문 1장(p.35) 참조.

졌고 수도 한성에 일본 공사관을 두는 교섭도 난항을 겪었다. 그러나 1880년 경부터 이같은 한일 관계에도 전환의 조짐이 생겼다. 일본측이 "대리공사를 저 경성에 파견하니 호위함을 붙인다"라는 위압방침으로 나왔기 때문이기도 한데, 동시에 조선 국내에 일본과 접근해 국내의 근대화를 꾀하고자 하는 '개진론자'가 대두한 것도 한 원인이었다.[13] 이같은 양국 관계의 개선을 보여주는 것으로 1880년 5월 원산진 개항, 같은해 8월의 김홍집 조선수신사 일행의 방일, 이듬해 1881년 6월 수십 명에 달하는 비공식 사절단의 방일 등을 들 수 있다. 이 최후의 시찰단 방일 시에 두 명의 조선인이 후쿠자와의 게이오의숙에 들어갔다. 이해 6월 17일 고이즈미 노부키치[14] 앞으로 보낸 편지에서 후쿠자와는 이렇게 말했다.

> 이달 초순 조선인 수 명이 일본의 사정을 시찰하기 위해 도래해 그 가운데 장년의 두 사람이 본숙에 입사하였고 두 명 모두 우선 졸택拙宅에 두고 친절히 유도하고 있습니다. 실로 이십여년 전 자신의 일을 떠올리면 동병상련의 생각이 들지 않을 수 없고 조선인 최초의 외국 유학이자 본숙도 또한 외국인을 들인 발단이니 실로 기이한 인연이라 할 수 있습니다. 이런 인연으로 조선인은 귀천 없이 매번 졸택에 내방하니 그 이야기를 들으면 다름 아닌 30년 전의 일본입니다. 모쪼록 앞으로 좋은 교제가

---

13) 『일본외교문서』제13권, p.419·422.
14) 고이즈미 노부키치(小泉信吉, 1849~1893)는 와카야마번 출신의 실업가이다. 게이오의숙에서 배웠으며 런던 유학 후 후쿠자와의 문하생들과 요코하마정금은행을 설립하고 부은행장을 맡기도 했다.

열리도록 하고자 합니다.

본래 이 시찰단의 방일은 일본공사관·영사관 등의 '개화당'에 대한 기대에서 실현된 것이었다. 부산영사 곤도 마스키近藤眞鋤는 1881년 4월에 "이 일행은 앞으로 조선국 개화의 기본이 될 자들이므로 가능한 잘 맞이해 저들로 하여금 개안開眼하게 하는 수단이 있길 바랍니다"라고 이노우에 외무경에게 의뢰했다.[15] 또한 하나부사 요시모토花房義質 공사도 이 시찰단은 지금은 대원군파 노인들에게 머리를 조아리고 있지만 "훗날 조선 정부에 권세를 가질 당"이라 판단하고 있었다.[16]

이상으로부터 분명하듯 후쿠자와가 조선문제에 관심을 갖기 시작한 때는 바로 조선 국내에서 김옥균 등의 '개화당'이 대두하기 시작한 때였다. 일본정부는 그들을 원조해 조일 관계의 개선을 꾀하고 '개화당'은 일본의 원조를 받아 국내 보수파에 대해 우위에 서서 국내의 근대화를 꾀하고자 했을 때였던 것이다. 일본을 문명화의 스승으로 받든 이웃 국가의 개혁파를 원조한다는 것은 1873~1875년 정한론과는 달리 후쿠자와에게도 매력적인 테마였음이 틀림없다. 더 이상 이전의 정한론과 같이 일본 국내의 근대화냐, 이를 지체시킬 대외확장이냐라는 양자택일이 아닌 조선문제를 생각할 수 있게 된 것이다.

그러나 후쿠자와에게 불행하게도 일본 국내 개혁의 전망

---

15) 『일본외교문서』 제14권, p.305.
16) 『일본외교문서』 제14권, p.298.

도, 조선 근대화의 전망도 모두 1881년 말에는 사라져 버렸다. 후쿠자와가 기대했던 오쿠마 시게노부는 메이지 14년 정변으로 정부에서 축출당하고 조선 국내에서는 재차 대원군파 반일세력이 그 힘을 키워갔던 것이다. 전자의 문제는 이미 잘 알알려져있기에 후자의 경위에 관해서만 간단히 언급해 두고자 한다.

조일 관계의 개선을 서두른 현지 외교관들은 다소 사태를 지나치게 낙관적으로 봤던 듯하다. 하나부사 공사는 1881년 초 인천개항 교섭 중에 일본이 무력 시위로 강화도조약의 완전한 실시를 압박해도 조선의 조야朝野는 "절반의 분노와 절반의 기쁨"이 있을 것이라 판단했다.[17] 일본이 조선 정부에 압력을 가하는 만큼 조선 국내에 친일개혁파 세력이 증가할 것이라는 낙관적 전망에 서 있었던 것이다. 그러나 이 낙관적 전망은 완벽히 엇나갔다. 인천 개항 교섭에서 일본이 가한 압력이 예상과 반대로 "척론가"(일본과 교제를 친밀히 함을 배척하는 논자)의 세력을 증대시켜 "주화론자(일본과 화친을 두텁게 하자는 논자) 세력은 지탱하기 어려운" 경향을 보인 것이다. 게다가 이같은 상황을 만회하기 위해 일본이 더욱 압력을 가한다면 "척론자로 하여금 우리에게 등돌려 청국을 향할 구실"을 줄 뿐인 상황이 되었던 것이다.[18]

앞서 본 『시사소언』에서 후쿠자와의 이른바 '아시아 개조

---

17) 『일본외교문서』 제14권, p.322.
18) 『일본외교문서』 제14권, p.359.

론'은 이같은 시기에 쓰여졌다. 그 가운데 후쿠자와가 "어쩔 수 없을 경우에는 힘으로 그 진보를 협박하는 것도 가능하다"고 주장한 것의 의미는 이 문맥에서 생각하면 명확해질 것이다. 후쿠자와는 하나부사보다도 강경하게 대원군파의 청국 접근도 개의치 않고 '개혁'파의 원조를 주장했던 것이다.

이같이 후쿠자와의 조선 개조론은 조선 국내의 친일개혁파 세력이 후퇴하면 후퇴할수록, 노골적인 무력 간섭론이 될 수밖에 없는 구조를 가지고 있었는데 후쿠자와가 조선문제에 강한 관심을 기울이기 시작한 무렵엔 반일적 태도를 취한 자는 "대관고작을 얻어 동족 외에는 아무것도 모르는 자"로, 일본과의 관계 개선을 바라는 자는 "학식, 재력이 있으나 지위를 얻지 못하고 다소 해외의 형세도 살펴 … 내정을 개혁하고자 하는" 자라는 상황 인식이 현지 외교관 사이에서도 생겨난 시점이었음은 다시 한번 확인해 둘 필요가 있을 것이다.[19]

5.

1882년 7월 23일에 발발한 임오군란으로부터 2년 반 후인 1884년 12월의 갑신정변을 거쳐, 이듬해 1885년 3월 「탈아론」 집필에 이르기까지 후쿠자와의 대외론에 관해서는 여기서 다시금

---

19) 1881년 2월 28일부 이노우에 외무경 앞 하나부사 공사 상신, 『일본외교문서』 제14권, p.298.

특별히 논할 점은 없다.[20] 물론 지금까지와 같이 『시사소언』에서 후쿠자와의 주장을 '아시아 개조론'으로 이해하고 이를 '탈아론'과 대비하는 관점에서 보자면 이 사이 후쿠자와의 대외론은 180도 대전환을 보여주고 있다. 구미 열강의 동아시아 침략에 대비하기 위해 일본이 청국과 조선의 근대화 추진을 돕는다는 논의에서, 일본도 구미 각국과 나란히 동아시아 분할에 참가하는 이외에 다른 방법이 없다는 주장으로 전환했기 때문이다. 그러나 이미 본 것처럼 후쿠자와 논지의 의미는 그의 화려한 레토릭에 구애되는 한 절대로 알 수 없다. 『시사소언』에서의 '아시아 개조론'에서부터 '탈아론'에 이르는 후쿠자와의 동아시아 정책론은 간단히 요약하면 다음과 같은 당연한 변화를 보이는 것에 불과하고 지금까지 생각되어 온 것처럼 커다란 진폭을 보인 것은 아니었다. 이 점을 이해하기 위해서 우리들은 후쿠자와가 날마다, 달마다, 해마다의 상황에 반응해 그 주장을 바꾸는 사상가는 아니었다는 것을 다시 한번 상기할 필요가 있을 것이다.

후쿠자와는 『시사소언』 간행 수개월 전에 조선 국내에서 '개혁파'가 극히 전도유망하다고 생각되었던 때에 조선의 근대화를 돕는다는 과제에 강한 흥미를 보였다. 그러나 조선 국내에서 김옥균 등 '개혁파'의 입장은 후쿠자와가 『시사소언』을 쓸 무렵까지 극히 악화되었다. 이 때문에 후쿠자와는 이웃

---

[20] 이 사이의 후쿠자와 동아시아론의 변천에 관해서는 본문 1장을 참조하길 바란다.

나라의 근대화 추진자를 지원한다는 민간 사상가로서 무엇도 부끄러울 것 없는 과제를 뛰어넘어서,『시사소언』을 쓴 시점에는 일본 정부에 무력 행사를 포함하여 조선 내정개혁파 지원을 요구하는 수준까지 들어가버렸다. 이 입장은 1882년 3월「조선의 교제를 논하다」라는『시사신보』사설에서도 반복된다. 그럼에도 사태는 후쿠자와에 있어서는 더욱 악화되어 이해 7월 임오군란에 의해 친일개혁파는 정부 요직에서 배제되었다. 이 때문에 후쿠자와는 조선 점령론으로도 생각될 만한 과격한 간섭론을『시사신보』지면상에 전개하고 또한 이해 11월 간행한『병론兵論』에서는 대청 개전 준비를 위한 군비확장론을 주창하기에 이르렀던 것이다. 더욱이 후쿠자와는 안남 문제를 둘러싼 청불간 대립 속에서 청국의 약체화가 점차 분명해지자, 한층 적극적으로 내정에 개입해 김옥균 등 친일개혁파가 일본공사관과 공모해 일으킨 쿠데타(갑신정변)에도 상당한 정도까지 관계한 것이다. 갑신정변이 실패해 개혁파 원조에 의한 조선 근대화=친일화 정책이 완전히 실패한 것은 후쿠자와에게 조선문제에 관한 1881년 초두 이래의 상황구조가 근저에서부터 변화한 것을 의미했다. 이 때 후쿠자와는 조선 국내의 개혁파를 원조한다는 근대화 정책을 더이상 추구하는 것이 무의미함을 선언하기 위해「탈아론」을 쓴 것이다.

이를 요약컨대 1881년 초두부터 1884년 말까지 후쿠자와의 동아시아 정책론은 조선 국내에서 개혁파의 원조라는 점에서 일관되며,「탈아론」은 후쿠자와의 이러한 주장의 패배 선언에 불과한 것이다. 후쿠자와의 「탈아론」이 그의 아시아 멸시관의 개시開始라던가 그의 아시아 침략론의 개시라고 하는 평가만큼 잘못된 것은 없다. 침략적이라 하면 후쿠자와는 임오군란부터 갑신정변에 걸쳐 이른바 '아시아 개조론' 시대에 더욱 침략적이었다. 다만 이 침략적 정책론은 어디까지나 조선 국내에서 개혁파의 존재라는 전제가 있는 한에서의 일이었다. 반대로 이 전제가 없어졌을 때의 후쿠자와의 「탈아론」은 당면 조선문제를 둘러싸고 청국과의 대결을 피한다는 점에서는 청일 간의 일시 휴전 협정인 1885년 4월의 텐진조약 체제와 오히려 합치하는 것이었다. 이 점에서도 우리는 후쿠자와의 상황 인식 능력과 정보 수집 능력을 과소평가해서는 안될 것이다.

후기와 해설

초판 후기

'일본인의 아시아관'이라는 너무나도 누차 논의되어 온 테마에 나 스스로 관여하게 된 것은 1973년 8월호의 『역사와 인물』(중앙공론사) 지면에 「메이지 일본의 전환점 — 동양맹주론에서 탈아입구론으로—」라는 제목의 소논문을 쓴 전후부터다. 거기에서 나는 본서 제1장 제1절의 중심적 논의 가운데 하나인 메이지 10년대 후반에 '탈아론'이 등장하기 시작한 것은 조선·중국의 근대화, 강국화가 진전되지 않고 있기 때문에 일본도 더 이상 기다릴 수 없다라는 이유가 아니라 반대로 조선 문제를 둘러싸고 일본과 대립하고 있던 중국의 군사력을 무시할 수 없음을 일본이 인식했기 때문이라고 논했다. 일본은 아시아의 문명국으로 동아시아 각국의 근대화=강국화를 꾀할 책임이 있다라는 후쿠자와 유키치 등이 메이지 10년대에 펼친 논의의 허위성을 지적했던 것이다.

다음으로 이 소론에서의 결론을 확인하기 위해 후쿠자와 유키치의 이 시기 아시아 정책론을 전면적으로 재검토함과 동시에 다른 시기, 즉 메이지 30년대에 대해서도 이 소논문의 결론이 적용 가능한지를 검토했다. 「동양맹주론과 탈아입구론 — 메이지 중기 아시아 진출론의 두 유형」[21]이 그것이다. 이 두 논문을 통해 나는 한편으로는 '아시아주의'나 '아시아 연대론'이라 불리는 의론에 강한 의문을 가짐과 동시에 이를 부정하고 등장한 '탈아론'의 의미에 대해서도 의문을 품기에 이르렀다. 아시아 각국과의 연대냐 아시아 각국으로의 침략이냐가 이 두 가지 아시아론에서 다투어진 것이 아니라, 대립한 것은 일본의 아시아 침략을 어떤 구실로 정당화할 것인가라는 것이 이 두 논문을 쓴 시점에서의 내 결론이었다.

그런데 메이지 10년대나 메이지 30년대의 대외관을 논한 지금까지의 연구에서는 '탈아론'이 마이너스로 '아시아 연대론'은 플러스 심볼로 사용되었다. 가령 어째서 후쿠자와는 아시아 연대론에서 '탈아론'=아시아 침략론으로 전환했는가라는 식의 문제가 설정되어 왔던 것이다. 그러나 기묘하게도 러일전쟁 이후 특히 다이쇼 시기에 들어서부터의 외교사 연구에서는 양자의 관계는 완전히 역전되어 취급되었다. 즉 구미협조주의=평화외교를 주창한 외무성과 아시아주의=군사주의적 외교를

---

[21] 사토 세이자부로, R. 딩맨 공편 『근대 일본의 대외 태도』 東京大學出版會, 1974에 수록.

주장한 군부 특히 육군과의 대립으로 다이쇼 시기 이후의 외교사가 논의된 것이다. 이 경우에는 '탈아론'의 연장선상에 있는 구미협조주의가 플러스의 평가를 받고 '아시아 연대론'의 연장선상에 있는 '아시아주의'가 이번에는 침략주의의 대명사로 사용된 것이다.

메이지기와 다이쇼기의 이같은 평가 역전은 지금까지 의문시되지 않았는데 일단 메이지기의 '아시아 연대론'과 '탈아론'에 관해 통설과 다른 견해에 서자 그 논리적 귀결로 다이쇼기 이후의 구미협조주의적 외교정책과 아시아주의적 대외정책의 관계에 관해서도 지금까지와 같은 사고방식에 멈춰 있을 수 없게 되었다. 보통 아시아주의적 대외정책이라 일컬어지는 것이 더할나위 없는 구미협조주의적이며 역으로 구미협조주의적 대외정책이라 일컬어지는 것도 중일 관계라는 관점에서 볼 경우 충분히 침략적인 것이다.

그러나 이같은 통설 비판의 한 가지 결점은 차이점의 과대평가를 수정한 반면 일체의 차이를 무시하는 결과가 될지 모른다는 것이다. 이는 나 스스로도 의식하기 시작했다. 단순히 종래의 통설을 깨트리는 것만이 아니라 얼마간이나마 체계를 갖춘 형태로 이 문제에 대한 내 나름의 밑그림을 그려낼 필요를 느낀 것이다.

마침 그러한 때에 창문사倉文社의 아이카와 요조相川養三씨가 연구실을 방문해『신체의 사상』이라는 총서에 메이지 시대의 정치사를 써 보지 않겠는가라고 제안해왔다. 솔직한 말로 '신

후기와 해설

체의 사상'이 무엇인지 역사가인 나로서는 이해가 되지 않아 상당히 당황했지만 마침 앞에 쓴 것과 같은 문제를 품고 있던 나는 몇 번인가 아이카와씨에게 내 생각을 이야기했다. 그 때마다 아이카와씨는 그러한 것을 정리해 써 주면 된다고 빈번히 권유해 주었다. 몇 차례고 이야기를 나누는 동안 불가사의하게도 내 쪽에서도 『신체의 사상』이라는 공통 타이틀에 그렇게 기묘함을 느끼지 않게 되었다. 보다 정확히 말하면 내 멋대로 『신체의 사상』이라는 공통 타이틀을 해석해 스스로 정리해 보고 싶다 생각하던 메이지·다이쇼 시기 일본인의 대외론 구조를 써 보고자 하는 기분이 든 것이다.

책 본문에 관해 더 이상 여기서 반복할 만한 것은 남아있지 않다. 다만 마지막으로 한가지 덧붙이고 싶은 것은 본서를 쓰고 엮는 동안 당초 스스로가 가지고 있던 관심에 변화가 일어났다는 점이다.

'아시아 연대론'과 '탈아론' 혹은 '아시아주의'와 '구미협조주의'의 차이점을 강조하는 통설에 대한 비판에서 출발한 나는 당초 어떠한 때에 아시아주의적 주장이 주류가 되고 어느 때에 '탈아론' 혹은 '구미협조주의'적인 외교론이 왕성하게 되는가를 밝히는 데에 관심을 가지고 있었다. 그 결과 앞서 서술했듯 같은 대외 태도에 관해 메이지기와 다이쇼기 이후에는 평가의 방향이 정반대인 것에 대한 의문과 아울러 나는 1880년부터 1920년의 약 40년 간의 대외론 구조의 일관성·공통성을 분명히 하는데 역점을 두었다.

그러나 쓰는 도중 조선 문제가 주요한 대외 문제였던 러일전쟁 이전과 만주 문제가 주요한 대외 문제가 된 러일전쟁 이후는 일본에 있어 대외 문제의 심각함에 커다란 차이가 있는 것은 아닌가라고 생각하기 시작했다. 본론에서도 소개한 나카무라 신고가 1900년 동요했던 상황을 읽으며 이점을 특히 통감했다.

또 하나의 변화는 후쿠자와의 평가다. 너무나도 많은 연구자가 후쿠자와의 논리적이고 용의주도한 논설에 끌려들어간 것에 대한 반감에서 나는 후쿠자와 대외론의 이데올로기성을 하나씩 폭로하는 일에 상당한 정열을 쏟았다. 그러나 어느 순간 문득 1880년이면 일본이 쇄국을 푼지 30년도 되지 않은 시기이지 않은가라는 점에 생각이 미쳤다. 그리고 동시에 1900년 만주 진출을 결의하고자 한 나카무라 신고의 동요와 불안이 이에 겹쳐졌다. 개국 이래 30년 가까운 시간이 흐른 1880년대 초두에는 서양 선진국과의 교제법에는 조금 익숙해졌겠지만, 일본 자신의 역사에 거의 전통이 없던 동아시아로의 팽창을 앞에 두고 후쿠자와나 나카무라는 전혀 사상적 전통을 갖지 못한 상황에서 이 대외팽창을 끝까지 긍정하고자 필사적이었던 것은 아닐까라고 생각하기 시작했던 것이다.

그러자 후쿠자와의 이미지가 완전히 바뀌어 버렸다. 당초는 온갖 그럴듯한 이유를 멋지게 전개하며 조선 진출 정당화를 행했던, 후세의 역사가도 속여버린 듯한 사상가의 이미지가 있었지만 히데요시 이래 처음 동아시아 진출을 앞에 두고 일본과 자신의 정당성을 필사적으로 찾고자 했던 진지한 사상가로 이

후기와 해설

미지가 바꾸어 버린 것이다. 본서 집필 중에 일어난 이 변화가 결국 통합되지 못하고 제1장에서의 후쿠자와론에서 혼란으로 남아버린 일은 독자에게 양해를 구하지 않을 수 없다.

어찌되었든 본서를 다 써내려 간 시점에서 1900년 전후 만주 문제의 등장에 의한 대외론 갈등의 중요성이라는 문제와, 동아시아 침략의 객관적인 진행과 그 사상적 준비의 결여라는 균열에서 오는 메이지 일본 대외론의 특징이라는 문제를 막연하게 인식할 수 있었다. 책이란 본래 일단 다 쓰고 난 시점의 결론에 서서 다시 한번 고쳐 쓴 뒤에 세상에 묻는 것일지도 모른다. 그러나 나 자신으로서는 하나의 책을 써서 끝낸 시점에서 다음 과제를 인식할 수 있었던 점을 오히려 기쁘게 생각하는 바이다.

마지막으로 최초로 연구실을 방문했을 때부터 본서의 탈고까지 항상 좋은 말상대이자 재촉자가 되어준 아이카와씨에 재차 감사의 뜻을 표명하고 싶다.

문고판 후기

1977년에 간행되어 오랜 기간 절판되었던 본서가 2013년에 문고판으로 되살아 난 것은 필자로서는 더할 나위 없이 감사한 일이다.

그러나 아무리해도 36년 전에 나온 책이다. 두 가지 점에서 필자는 강한 불안을 느끼고 있다.

첫째는 근대 일본의 외교에서 '탈아론'과 '아시아주의'의 대립이라는 종래의 허구를 폭로한 본서가 2013년인 오늘날의 외교인식에 어떤 유의미한 공헌을 할 수 있는가라는 불안이었다.

교정쇄를 정독하는 가운데 이 불안은 점차 해소되었다. 아시아의 대국 중국의 '강약'에 의해 휘둘려 온 메이지·다이쇼 시기 일본의 고투는 본서가 간행된 1977년보다 36년 후인 2013년의 독자에게 보다 가까운 것으로 이해되리라 생각한다. '저팬 애즈 넘버원'[22])으로까지 평가되었던 고도경제성장 시기의 일본인은 경제력에서 중국을 압도하고 있었다. 본서가 분석한 메이지·다이쇼 시기의 말로 하자면 "약한 중국"이라는 인식 하에서 일본인의 대미·대소·대중 관계를 이해해 왔던 것이다.

그러나 이로부터 36년 후인 2013년을 살고 있는 일본인은

---

22) 미국의 동아시아 연구자 에즈라 보걸(Ezra F. Vogel, 1930~2020)이 출판한 동명의 서적 *Japan as Number One: Lessons for America*, 1979에서 유래한, 버블 붕괴 이전 일본경제의 황금기에 대한 상징적 표현이다.

후기와 해설

군사적으로는 물론 경제적으로도 중국이 일본을 압도하고 있는 상황에 놓여 있다. '아시아 개조론'을 포기하고 '탈아'를 주창한 1885년의 후쿠자와 유키치나 중국 경계심에서 '러일협조'를 제창한 러일전쟁 후의 원훈 야마가타 아리토모와 유사한 상황에 오늘날의 일본인은 놓여 있는 것이다.

그러나 후쿠자와의 '탈아론'의 연장선상에는 1902년의 영일동맹이 비쳐 보이고 야마가타의 러일협조론의 상대도 제국주의 러시아였다. "강한 중국"을 함께 억눌러 줄 영국과 러시아 양 제국이 있었던 것이다.

그러나 제3장의 마지막 절에서 검토한 1차대전 후의 세계에서는 구미 열강의 대표는 영국이나 러시아가 아닌 중국의 민족자결에 호의를 보인 미국이었다. "강한 중국"을 함께 억눌러 줄 '서양 열강'은 더 이상 존재하지 않았던 것이다. 그렇게 되었을 때에는 육군참모본부조차 미국을 고려해 중국에의 내정 간섭 자제를 주장하고 있었던 것이다(「왜 육군은 중국 내정 불간섭을 감수했을까」, p.173).

21세기에 들어선 일본이 "강한 중국" 인식을 품기 시작한 때도 일본이 의지할 '서양 열강'은 영국이나 러시아가 아닌 갑자기 중국에 호의적이 된 미국이다. 1920년대의 일본처럼 2010년대의 일본도 중국이 강해질 경우 '탈아입구'하면 된다라는 상황이 아니라는 것이다.

그뿐 아니라 "강한 중국" 인식의 이면에는 경제 대국 일본의 쇠퇴라는 사정이 있다. 고도성장기의 다나카 가쿠에이 수상과 같이 '중일 우호'를 높여 부르짖을 경제력도 오늘의 일본에는 없다. 본서에서 분석한 것과 같은 '아시아주의'와 '탈아론'을 가려 쓰면서 중국의 대국화에 대처했던 과거보다 훨씬 곤란한 상황에 오늘날의 일본은 놓여 있는 것이다.

이같은 관점에서 본서 마지막 부분(「약간의 전망」, p.171 이하)에서 1차대전 후 일본의 대미對美 중시와 중국 내정 불간섭이 하나의 세트로 구성된 것의 의미를 명확히 해 둔 것은 실로 요행이었다. 이 점을 더하면 본서의 분석은 오늘날에도 유효하다고 확신한다.

두 번째 불안은 36년이나 이전의 사료수집력과 독해력에 관한 것이다. 그러나 이점에서의 불안도 교정을 계속해 가는 가운데 해소되었다. 40세에 쓴 책을 읽고 76세의 필자가 납득된 것은 개인적으로 별로 기쁜 일이 아니다. 36년 간 필자에게 진보가 없었다고 고백하는 것과 같기 때문이다.

그러나 젊은 시절의 일을 넘어설 수 없다는 것은 특별히 자연과학 분야에 한정된 것은 아니다. 인문사회과학 분야에서도 해를 거듭하며 늘어나는 것은 연구대상으로 삼는 시대의 길이와 연구성과를 알기 쉽게 전달하는 기술 정도이다. 특정 시대 특정 테마의 분석에서는 체력과 기력이 충만한 젊은 날의 자신을 따라갈 수 없는 것이다.

다만 젊기 때문에 결점도 없다는 것은 아니다. 무엇보다도 인용사료가 길고 심지어 원문 그대로 한 것이 문제다. 지금의 나라면 장문의 인용사료를 작게 나누어 알기 쉽게 했을 것이다. 한자를 줄이거나 가타카나를 히라가나로 했음에 틀림 없다. 그러나 본서가 재간된 것이 '학예문고'인 이상, 어느 정도의 난해함은 허용될 것이라 생각하고 싶다. 그럼에도 난해한 한자에는 가능한 한 토를 달았다. 또한 구두점이나 오쿠리가나[23] 등을 보완한 곳도 있다.

마지막으로 오랜 시간 입수 불가능해 필자의 수중에도 한 권밖에 없었던 본서의 문고화를 시도해 준 지쿠마서방의 마스다 다케시增田健史씨에게 깊은 감사를 드리고자 한다.

2013년 7월 말일
반노 준지

---

[23] 오쿠리가나(送り假名)는 일본어에서 한자를 훈독할 때 한자 뒤에 덧붙이는 가나이다. 동사의 활용어미, 형용사의 종결어미 등에 쓰인다. 가령 書く의 'く'가 오쿠리가나다. 이를 통해 훈이 다양한 한자의 오독 가능성을 낮출 수 있다.

해설 : '탈아론'과 '아시아주의'라는 환영

가루베 다다시

벌써 몇 년이나 지났지만, 다른 분들과 함께 쓴 일본 사상사 개설서의 중국어 번역이 북경에서 출판된 일이 있다. 장정裝訂과 게재 사진에 관해서는 원서대로 하지 않고 현지의 편집부에서 독자적으로 마련했는데, 후쿠자와 유키치에 관한 장章의 표지 사진에 놀랐다. 보통 사용되는, 일만엔 지폐로도 익숙한 메이지 시대의 풍모가 아니라 1862년 견구사절遣歐使節로 수행했던 때에 촬영된, 존마게[24]를 하고 칼을 찬 무사의 모습을 한 사진이었던 것이다.

그 장의 기술은 도쿠가와 말기의 후쿠자와를 언급하고 있는 것도 아니었고 번역자는 일본에서의 연구 동향에 통달한 전문가이다. 아마도 편집부가 현재 중국에서 널리 보급되어 있는 후쿠자와 유키치의 이미지에 맞는 사진을 골랐을 것이다. 1885년 3월 『시사신보』 논설 「탈아론」에서 중국으로의 침략을 솔선해 이야기한 대표적 일본인의 초상으로서 말이다.

연구사상으로는 이미 매장된 오견誤見이 일본 국내에서도 중학·고교 교과서 등에 잔존하고, 속론이 되어 여전히 유포되는 예는 많다. 특히 후쿠자와의 '탈아론'에 관해서는 프로 연구자로서 만난 사람들 중에도 이를 신봉하고 있는 사람이 적

---

24) 일본식 상투. 이마의 윗머리를 넓게 깎아 올리고 상투 밑 부분을 앞쪽으로 구부린 형태.

후기와 해설

지 않다. 가령 나가하라 게이지 감수 『이와나미 일본사 사전』 (1999)의 '탈아론' 항목에는 이렇게 나와 있다. "청일전쟁을 문명 진보의 시비를 묻는 전쟁이라 본 이 주장은 그 후 주변 나라들에 대한 일본인의 대국 의식과 멸시의 근저를 형성. 아시아태평양전쟁 패전 후에도 미소 냉전 속 미국 추종 국책으로 일본은 재차 탈아로의 길을 걷는다."

항목 집필자가 발표 연도를 10년 뒤라 오인한 것인지도 모르나, 어찌되었든 「탈아론」의 문면에 대청 개전론 등은 쓰여있지 않다. 이 논설이 널리 알려지게 된 것은 『다케우치 요시미 평론집 제3권 일본과 아시아』(1966)[25]에 수록된 논문 「일본과 아시아」(1961)가 나온 뒤라 생각되기에 '탈아론' 그 자체가 동시대의 일반 대중에 영향을 주었을 것이라고도 생각하기 어렵다. 하물며 일본인의 '대국 의식'이나 전후의 '미국 추종 국책'에 관해서까지 책임을 지게 하는 것은 거의 짓궂은 농담일 것이다. 이러한 견해가 중국이나 한국에까지 유포되어 반일감정을 지탱하는 데 일조하고 있다고 생각하면 범죄적이다.

그러나 이같은 속론은 1977년에 초간된 본서에서 반노 준지가 이미 파괴하고 있었다. 심지어 동시에 '탈아론'이냐 '아시아주의'냐라는 근대 일본의 대외사상을 파악할 때에 자주 이용되는 도식의 유효성에 대해 본서는 커다란 의문을 던지고 있다. 속론이 여전히 횡행하고 있는 것은 이 책이 오랫동안

---

[25] 『일본과 아시아』 筑摩學藝文庫로 재간. 수록 논문 「일본의 아시아주의」가 본서의 서장과 제1장에서 언급되고 있다.

품절되어 입수 곤란하게 된 탓도 있을 것이기에 이번 문고화는 커다란 경사다.

지금 돌이켜 보면 본서는 근대 일본의 대외사상을 둘러싸고 선행하는 두가지 유력설에 대한 비판이었다. 우선 첫째로는 마루야마 마사오가 『후쿠자와 유키치 선집』 제4권의 「해제」(1952)[26]에서 서술한 견해다. 이에 따르면 후쿠자와 유키치는 『시사소언』(1881)을 쓴 즈음에는 중국·조선과 제휴해 서양 국가들에 의한 침략에 대항하는 구상을 주창했지만 마침내 「탈아론」에서 '열강의 중국 분할에 끼어들 것을 요구'하는 것으로 전환해 갔다.

이 견해에 대해 반노 준지는 텍스트의 표면에 보이는 '표현'이나 '언어' 차원에서가 아닌 그 안에 있는 필자의 의도, 즉 '동아시아 정세의 구체적 인식 및 그 인식에 기반해 구체적으로 의미되는 대외정책'에 눈을 돌릴 것을 제창하고 이를 '대외론' 혹은 '사상의 실상'이라 불렀다.

이 차원에서 파악해 보면 표면상으로는 중국·조선과의 연대를 이야기하면서 일본이 '조선의 국사에 간섭'하는 일을 통해 '문명'화를 진행하고자 한 시기의 후쿠자와가 침략적이고 '탈아론'은 반대로 그 조선 개조의 노력을 포기한 선언에 불과한 것이다. 그리고 그러한 전환을 가져온 것은 임오군란·갑신정변 과정에서 중국의 군사력의 강대함을 알게 되었다는 정세

---

[26] 『후쿠자와 유키치의 철학』 岩波文庫, 2001에 재수록.

후기와 해설

인식의 변화였다.

반노의 말을 빌리자면 후쿠자와 이외의 사례에 관해서도 마루야마 등의 선행 연구자는 텍스트에 나타난 '말'을 그대로 '사상'으로 간주해 그 변화를 논하고 있다. 그러나 동시대의 국제정치의 현실을 둘러싼 정세 인식·정책 제언과 관련지어 읽지 않는 한, '사상의 실상' 차원에서 변화를 정확히 읽어내는 것은 불가능하다. 사상사 연구의 방법론으로 보자면 텍스트의 '언어'를 항상 동시대의 상황 속에 두고 필자의 의도를 읽어내고자 하는 점에서 철저한 컨텍스트 중심주의라고도 할 수 있을 것이다.

그리고 두 번째로는 앞서 언급한 다케우치 요시미의 저서로 대표되는 '아시아주의'에 대한 평가다. 수록 논문 「일본인의 아시아관」(1964)에서 다케우치는 "아시아 해방을 위한 의전義戰"이라는 대동아전쟁의 명분도 포함해 근대 일본에서 '아시아 연대감' 계보의 가치를 다시 볼 것을 주창하고 있다. 그 사상은 유럽 제국諸國에 의한 식민지화에 대항해 일본인이 "아시아를 주체적으로 생각"하도록 한 귀중한 행위였다고 다케우치는 평가했다.

이에 대해 본서에서 반노는 표면상 다케우치가 말한 '아시아주의'에 가까운 『자유신문』의 「조선독립론」(1882)이나 청일전쟁 직후에 구가 가쓰난이 만주 진출의 억제를 주창한 것에 관해서도 역시나 '사상의 실상' 차원에서 파고들어간 해석을 시도한다. 그것은 어느쪽이든 청이나 러시아를 쓸데없이 자극하는 것을 피하기 위한 논의에 불과하며 조선을 일본의 세력 범위로 확보하고자 노린 것에서는 동시대의 후쿠자와 유키치나 '구화歐化'론자와 다를바 없었던 것이다. 결국 일본·조선·중국의 대등한 연대를 진심으로 추구한 '아시아주의'는 적어도 본서가 대상으로 삼은 시기에는 존재하지 않았다.

아마도 집필중에는 아직 다케우치 요시미가 건강했던—사망한 것은 초판 발행 8개월 전이다—때문도 있었을까, 그러한 비판은 그다지 분명하게 드러나지는 않는다. 다만 내용을 보는 한 이 책이 이룬 것은 다케우치가 꿈꾼 '아시아주의'의 허상에 대한 우상 파괴에 다름 아니다. 미야치 마사토에 의한 서평은 "이같은 논의가 나온 후에는 '아시아주의적' 대외관의 적극적 평가는 나올 여지가 없어지게 되는 것은 아닐까"(『사학잡지』 88편 6호, 1979년 6월)라고 했지만, 로맨틱한 '아시아주의'론이 그 후에도 근대 일본연구에서 횡행하고 있는 것은 무척이나 기괴하다.

'탈아'론자든 '아시아 연대'론자든 어느쪽도 일본 국가라는 '신체'가 '팽창을 계속하는 것'을 소여의 명제로 하였다. 주변지역에 대한 '팽창' 내용은 경제진출도 군사침공도 포함될 수 있는데 본서에 등장하는 사상가·정치가들은 모두 이 '팽창'이라는 사명의 수행을 전제로 하는 점에서는 광의의 '탈아입구'론자—덧붙여 종종 후쿠자와와 관련지어지는 이 단어는 후쿠자와 자신의 저작에는 보이지 않는다—였던 것이다. 인정미라곤 없는 총괄이지만 이것이 리얼한 역사인식에 기반한 반노의

후기와 해설

이해에 다름아닙니다. 본래 '신체'라면 그것이 성장을 추구하는 것에 이유가 필요하지는 않을 것이다. 본서는 애초 창문사創文社의 '총서 신체의 사상' 제8권으로 간행되었다.[27]

그러나 일본 국가의 '팽창' 그 자체를 자명한 것으로 단정해서 정말로 좋을까. 무엇을 위한 '팽창'인가를 지적하고, 넘어서는 안 될 한계를 이야기하는 원리를 생각할 필요는 없는 것인가. 반노의 서술은 그 문제에 이르면 깊은 음영을 드리운다. 결론으로서는 서장에서 말한 것처럼 메이지·다이쇼 시기에서 그러한 원리를 보여주는 "'사상'이나 '가치관'을 결국 발견할 수 없었다"는 것이 되는데 이 점과 관련해 오히려 후쿠자와 유키치의 사상가로서의 가치를 재발견하고 있는 점이 흥미롭다. 「탈아론」에서 조선 개조의 노력을 포기하기 전의 후쿠자와는 분명 팽창주의적이기는 했지만 팽창을 목표로 함과 동시에 '조선진출의 정당성 근거'를 진지하게 제시하고자 하는 '사상가로서의 긴장감'을 가지고 있었다. 그것이 제1장에서 보이는 반노의 평가이다.

반노는 이 책이 나온 지 3년 후에 발표한 에세이「정치에서의 이상주의」(『세계世界』 419호, 1980년 10월)에서 '전국민적 규모로의 보수화'가 진행되어 자민당 정권이 안정감을 강화하는 가운데, 일찍이 1960년 미일안보조약 반대운동이나 68년의 대학분쟁에 있었던 '혁명 기대'가 사라진 당시 상황을 탄식하며 이렇게 말하고 있다. "역사가는 아무리 금욕적으로 현대 세계

---

27) p.13 각주 참고.

에의 발언을 피하고자 해도 어떠한 의미에서 현대 세계와의 관계를 의식하지 않고서는 역사 분석을 행할 수 없다. 과거가 단순한 과거에 불과하다면 한가한 사람의 취미밖에 되지 않기 때문이다."

본서 제1장에서 후쿠자와의 재평가를 내리는 부분에도 '현대 세계'에의 시선이 드러나고 있다. "1970년대 후반인 현재에도 도대체 몇 명의 정치가·사상가가 정말로 일본의 경제적 대외팽창에 반대하는지 극히 의심스럽다."(p.69) 일본의 동아시아·동남아시아에의 경제 진출에 관해 아시아 민중과의 연대를 주창하며 비판하는 목소리도 있지만 단순히 '말'로 이야기되고 있을 뿐으로 대다수의 일본 국민과 마찬가지로 '팽창'의 수익자가 된 자신을 의심하려고는 하지 않는다. 이 책의 첫 간행에서 36년이 지난 지금 현대사회는 이 비판에 대답할 수 있게 되었을까. 반노의 문제 제기는 현대에도 곧장 도달하고 있다.

한편 이 책의 주제에 관해 반노가 이후 재차 착수한 작업으로 『근대 일본의 외교와 정치』[28] 제1부 제1장 「메이지 초기의 대외관 — 방법적 메모」와 제3장 「후쿠자와 유키치로 본 메이지 초기의 내정과 외교」(p.199)가 있으므로 역사연구·사상연구의 전문 독자는 아울러 참조하길 권한다. 또한 이 책 이후 나온, 후쿠자와 유키치의 대외사상을 둘러싼 중요한 연구로는 아래와 같은 것이 있다.

- 마루야마 마사오 「후쿠자와 유키치의 『탈아론』과 그 주변」(『마루야마 마사오 화문집話文集』 제4권, みすず書房, 2009)
- 히라야마 요平山洋 『후쿠자와 유키치의 진실福澤諭吉の眞實』 文春新書, 2004
- 아오키 고이치青木功一 『후쿠자와 유키치의 아시아福澤諭吉のアジア』 慶應義塾大學出版會, 2011
  및 이에 대한 사카이 데쓰야酒井哲哉의 서평(『후쿠자와 유키치 연감』 39호, 2012)
- 오가와라 마사미치小川原正道 『후쿠자와 유키치의 정치사상福澤諭吉の政治思想』 慶應義塾大學出版會, 2012

---

[28] 『近代日本の外交と政治』研文出版, 1985.

역자 후기

한국에서 동아시아 담론이 대두한 지 30여 년이 흘렀다. 인문학, 사회과학이라는 학문적 논의를 넘어 현실의 정책적 논의나 실천 영역으로까지 확대된 동아시아 담론은 다소 그 열기가 수그러들기는 했지만 여전히 현재 진행형이라 하겠다.

이 가운데 역사학계에서의 동아시아 담론은 동아시아 각국의 상호 인식과 교류, 그리고 동아시아 '정체성'을 비롯한 이른바 아시아주의에 대한 역사적 검토를 중심으로 이뤄져 왔다고 볼 수 있다. 아시아주의를 둘러싼 침략과 연대, 흥아興亞와 탈아의 논리는 '대동아공영권'이라는 역사적 귀결로 인해 그 한계가 일찍이 논의되었지만 동아시아 각국의 발전적 미래와 우호 관계 수립을 위해 앞으로도 논의되어야 할 중요한 주제임은 틀림없다.

이에 근현대 일본의 아시아주의를 검토함에 있어 고전적 저작이라고 할 수 있는 본서를 한국의 독자들에게 소개할 수 있게 되어 기쁘다. 원서가 나온지 이미 반세기 가까이가 지났기에 너무 늦은감이 없지 않으나, 한편으로 1977년 간행된 이후 2013년에 문고판으로 재차 출판된 만큼 여전히 생명력을 지닌 책이라 할 수 있다. 어떤 의미에서는 저자 스스로 말하듯, 본서의 내용은 2013년의 독자에게 더욱 현실적으로 다가오며 이는 10년이 흐른 2023년 현재도 유효하다.

책의 내용과 관련해서는 저자의 후기와 별도의 문고판 후

후기와 해설

기, 이에 더해 문고판에 수록되어 있는 가루베 다다시의 해설을 통해 여러차례 정리, 언급되고 있기에 여기서 재차 부언할 필요는 없을 듯하다. 그럼에도 한마디를 덧붙이자면, '표면상의 언설'에서는 동일한 논리가 정반대로 표현되거나, 전혀 다른 목적과 의도임에도 동일하게 나타날 수 있음을 지적한 저자의 예리한 시각은 비단 대외관의 이해에 국한되어서만 필요한 것이 아니라는 점이다. 또한 그 구체적인 사례를 메이지 시기에서 다이쇼 시기에 이르는 장기적 관점에서 풀어내고 있는 것도 미덕이라 하겠다. 다만 조선이 중요한 논의 대상이 되는 메이지기, 특히 후쿠자와 유키치의 대외 언설 분석에 이목이 끌리는 것도 부정할 수 없겠다. 이미 국내에는 계몽사상가로서의 후쿠자와보다 (가루베의 해설에서도 나오는 중국의 사정과 유사하게) 아시아에 대한 그의 침략적·멸시적 사상이 더 널리 알려져 있는 듯하다. 후쿠자와의 노골적인 아시아 침략적인 언설을 정리·비판하며 소개하고 있는 책들과 함께, 언설의 '이면'을 다루고 있는 본서를 비교해 보는 것도 흥미로운 독서가 될 듯하다. 아울러 해설에서도 언급된, 갑신정변을 전후로 한 시기 후쿠자와의 대외관에 대한 보다 정밀한 분석이 이뤄진 저자의 논문도 함께 번역 수록했기에 참고가 되었으면 한다. 다만 같은 주제를 다루고 있어 다소 중복되는 부분이 있는 점은 독자들의 양해를 구한다.

사실 그밖에도 독자들에게 양해를 구해야 할 점이 많다. 우선 《도쿠가와 시대사》 시리즈의 일환이라는 말이 무색하게도,

저작권 문제 등 여러 우여곡절 끝에 '메이지 시대'를 중심으로 다룬 본서를 번역하게 된 것이다. 시리즈의 취지에서 다소 벗어나 있기는 하나, 도쿠가와 시대 직후의 일본사를 이해하는데 본서가 조금이나마 기여할 수 있다면 시리즈에서의 완전한 '이탈'은 아니라고 변명하고 싶다. 두번째로는 책 분량이 그렇게 많지 않은 것에 비해, 저자도 이야기하듯 사료를 직접 인용한 부분이 많다는 점이다. 원문에 충실한 사료 번역을 할 것인가, 가독성과 이해를 높이기 위한 적극적인 의역을 할 것인가를 확실히 정하지 못한 채 이도저도 아닌 형태가 되어 버렸다. 오역은 최대한 피하고자 했으나 혹 잘못된 사료 번역이 있다면 독자들의 질정을 바란다. 아울러 일부 오탈자로 의심되는 인용 사료의 경우, 저자가 근거한 간행 자료집을 통해 대조 확인하였다. 그럼에도 해소되지 않는 부분은 간행 사료가 아닌 원사료를 통해 확인할 필요가 있으나 역자의 게으름으로 미처 검토하지 못했다. 또한 이 책은 전문 학술서와 교양서의 어느 사이에 위치하고 있다고 할 수 있겠는데, 그 때문인지 인용 자료에 대한 출처 표기가 불충분하거나 통일되지 않은 부분도 눈에 띈다. 번역 과정에서 많은 고민을 했으나 최소한의 통일성을 갖추는 선에서 수정을 하고 대부분 원문의 표기를 그대로 따랐다.

변명이 길어졌으나 책에 있을지 모를 번역의 오류는 당연하게도 모두 역자의 책임임을 밝힌다. 연구자의 길에 갓 들어선 역자에게 번역의 기회를 준 플라톤 아카데미와 연구책임자 박훈 선생님께 감사드린다. 함께 번역작업을 하며 검토해준

후기와 해설

이은경, 김선희, 이새봄 선생님의 도움으로 책이 나아질 수 있었다. 해설 사용 뿐 아니라 반노 준지 선생님의 원고를 더하면 좋을듯 하다고 추천해주신 가루베 다다시 선생님과 저작권자 반노 가즈코님, 지쿠마쇼보의 미야치 가나님이 도와주셔서 번역서가 더 충실해질 수 있었다. 빈서재 정철 대표님은 역자의 더딘 번역 작업을 묵묵히 인내하면서 어색한 번역투 문장을 잡아주셨다. 이 모든 분들께 감사드린다.

2023년 11월
조국

찾아보기

【ㄱ】
가나이 노부루 .. 124, 127, 129
가쓰라 다로 145
가와시마 나니와 160
가토 다카아키 147
갑신정변 17,
　31, 32, 38, 63-65, 67, 70,
　72-74, 82, 93, 94, 102,
　103, 133, 138, 139, 188,
　221, 223, 224, 237, 244
개화당 93, 219
고노에 아쓰마로 17,
　27, 97, 98, 105, 116-118,
　120, 121, 132, 148, 185
고무라 주타로 145
고이즈미 노부키치 218
곤도 마스키 219
교주만 98, 100,
　103, 111, 114, 137, 184
구가 가쓰난 .. 17, 99-101, 104-
　107, 114, 116, 120-123,
　126, 127, 129, 134, 135,
　137, 184, 185, 187, 238
구로다 기요타카 212, 216
구미협조 16,
　103, 115, 134, 135,
　168, 169, 172, 176, 180,
　184, 185, 188, 226-228
국민동맹회 .. 97, 120, 131, 185

【ㄴ】
나카무라 신고 30,
　123, 124, 130, 229
내셔널리즘 143, 144, 206
누마 모리카즈 199, 201
니시하라 가메조 167

【ㄷ】
다구치 우키치 85
다나베 야스노스케 131
다나카 가쿠에이 233
다나카 기이치 160,
　161, 170, 176
다니 간조 105
다롄 ... 103, 104, 111-114, 131,
　133-135, 137, 142, 184
다루이 도키치 32, 37, 38
다케우치 요시미 17,
　37, 236, 238, 239
다케조에 신이치로 38, 93

대동아공영권 30, 129, 130, 180, 243
대러 경계 75, 76, 78, 80, 82, 110
대러 전쟁 126, 129, 190
대륙 진출 36
대아시아주의 129
대외경 운동 97, 105, 106, 116, 120, 122, 132
데라오 도오루 123, 127
데라우치 마사타케 ....
.. 145, 160, 168
도미이 마사아키라 124
도미즈 히론도 30, 105, 123, 125-127, 129-132, 134, 186, 192
도야마 시게키 ... 17, 107, 201
도쿠토미 소호 106
도히하라 겐지 175
동아동문회 .. 27, 97, 105, 120-123, 131-134, 137, 185
동인종 동맹 .. 27, 97, 100, 101, 116, 121, 129, 130, 148, 159, 163, 167, 186, 189
동청 철도 131, 132
돤치루이 167, 174, 175

【ㄹ】
량치차오 118-120
러일 협상 113, 134, 135, 145, 150, 152
러일 협약 145

러일전쟁 30, 31, 82, 85, 102, 124, 137-139, 141, 142, 144, 146, 147, 149, 152, 169, 190, 191, 226, 229, 232
러일협조 103, 104, 109-116, 132, 134, 135, 232
뤼순 98, 100, 103, 104, 111-114, 116, 131, 133-135, 137, 142, 184
류큐처분 39, 43
리위안훙 167

【ㅁ】
마쓰시로 다카요시 176
마쓰자키 구라노스케 ....
.. 124, 127, 129
마쓰카타 마사요시 ....
.. 21, 23, 205
만몽 권익 140, 157, 159, 161, 163, 170, 174, 177
만주 권익 140, 143, 145, 152, 169, 189, 190
만주 보전 126, 131-133, 135, 136
만주 점령 29, 46, 122, 123, 127, 129, 130, 133, 137
만주사변 30, 126, 138, 193
만주선후조약 138
먼로주의 117
무술정변 117

【ㅂ】

바바 다쓰이 84
반일운동 173
반자이 리하치로 175
병론 51-55, 214, 223

【ㅅ】

사사키 도이치 175
사상의 실상 27,
    28, 32, 237, 238
사이온지 긴모치 143
산조 사네토미 38,
    76, 212, 216
삿사 도모후사 105, 106
상황적 사고 201, 202, 212
상황주의 .. 170, 171, 212, 213
서력동점 40
세이난 전쟁 207, 209-211
스에히로 시게야스 85
스즈키 데이이치 176
시게토 지아키 191
시데하라 기주로 171
신해혁명 121, 139-141,
    146, 147, 149, 152, 153,
    155, 156, 159, 160, 163,
    164, 166, 169, 189, 191
쑨원 .. 119, 121, 156, 157, 175

【ㅇ】

아시아 개조 15,
    16, 21, 25, 27, 32, 40,
    55, 57-60, 62, 66, 67,
    70-72, 80, 96, 104, 122,
    180-182, 186, 188, 192,
    217, 220, 222, 224, 232
아시아 연대 16,
    25, 28, 29, 32, 37, 40,
    70, 93, 99, 101, 102,
    121, 122, 179, 180, 184,
    195, 226-228, 238, 239
아시아주의 14-
    17, 25, 27, 29, 32, 33, 37,
    76, 97, 103, 104, 115,
    116, 129, 134, 135, 138-
    141, 144, 147-149, 152-
    154, 168, 171, 172, 180,
    181, 184, 185, 187-189,
    191-195, 226-228, 231,
    233, 236, 238, 239, 243
아오키 슈조 72-84,
    86, 88, 105, 186, 187, 192
아카시 모토지로 161
야마가타 아리토모 17,
    27, 52, 53, 100, 101,
    138, 141-155, 157-
    171, 186, 188-193, 232
오가와 운페이 155, 156
오가와 헤이키치 156
오다케 간이치 158
오시마 겐이치 162
오이 겐타로 32, 38
오자키 유키오 158
오카 요시타케 17, 36
오카 이치노스케 ....

.. 161, 162, 166
와카쓰키 레이지로 147
외교사 17, 18, 33, 170,
181, 182, 189, 226, 227
우가키 가즈시게 ....
.. 163, 190, 191
우쓰노미야 다로 155, 160
우에하라 유사쿠 155, 191
우치다 료헤이 156, 158
우페이푸 174, 175
운요호 사건 205, 217
워싱턴 체제 169, 171
웨이하이웨이 ... 103, 111-113
위안스카이 121, 140, 151-
153, 155-167, 169, 170
의화단 운동 29, 97, 104,
105, 122, 123, 130, 133
이노우에 가오루 47,
72-74, 105, 158, 212
이리에 아키라 18,
181, 182, 189
이시이 기쿠지로 162
이와쿠라 도모미 27,
70, 76, 79, 147, 148, 212
이타가키 다이스케 84
이토 히로부미 22,
29, 47, 72, 77, 79
임오군란 17,
21, 31, 32, 38-41, 44, 46,
48-56, 59, 64, 65, 67, 70,
72, 74, 77, 81, 84-87, 95,
102, 103, 110, 111, 133,
138, 139, 154, 188, 199-
202, 221, 223, 224, 237

【ㅈ】
자유신문 84-96, 104,
105, 110, 111, 115, 122,
135, 183, 184, 187, 238
장제스 169, 176, 191
장즈둥 116, 117, 121
장쭤린 174, 175
정한론 .. 45, 84, 205, 210, 219
제3혁명 159, 164-167
제물포조약 48
조선 개조 36, 38, 40, 41,
50, 55-57, 61-63, 65, 66,
72, 77, 83, 91, 93, 95, 105,
114, 122, 126, 133-135,
154, 188, 189, 192, 193,
216, 217, 221, 237, 240
조선 진출 정당성 45, 68
조선병합 30
조선정략 200
조약개정 105,
106, 180, 204-206, 216
조일 동맹 37, 38
종사당 156, 157
주룽 103, 111
중일 친선 121,
148-150, 152, 154, 159,
163, 164, 166, 167
중일전쟁 30
지나 보전 ... 27, 104, 114, 122,

123, 126-135, 184, 185
지나고로............158, 170
직봉전쟁................175

【ㅊ】
청국 개조......37, 60, 61, 70,
　　　105, 114, 120, 121, 134
청불 대립..........58, 59, 63,
　　　80, 81, 92, 94, 122, 184
청일강화조약............102
청일협조.................16,
　　　27, 36-38, 40, 41, 70-72,
　　　74-84, 88-96, 101, 103-
　　　105, 110, 115, 117, 122,
　　　133, 135, 183, 184, 192
청한 개조.................36

【ㅋ】
캉유웨이............117-121

【ㅌ】
타이완 침공......39, 53, 205
탈아론...................15-
　　　18, 21, 23-25, 27, 29, 37,
　　　52, 58, 61, 62, 66-68, 70,
　　　79, 83, 84, 93-95, 102-
　　　105, 115, 116, 132, 133,
　　　135, 139-141, 143, 144,
　　　149, 153, 154, 169, 171,
　　　172, 180, 181, 184, 187-
　　　195, 203, 221-228, 231-
　　　233, 235-237, 240, 242
톈진조약........36, 199, 224

【ㅍ】
펑위샹...............174, 176
포츠머스조약............138

【ㅎ】
하나부사 요시모토....47, 219
하시모토 마사토.........209
하시카와 분조............36
한성조약.................73
헤이룽장................131
혁명 원조.......155, 157-159
현행조약 여행운동.......106
호리모토 레이조..........47
황싱....................157
1차 후에조약......58, 70, 79
후쿠시마 야스마사.......160
후쿠자와 유키치..........17-
　　　29, 32, 37, 41, 42, 44-
　　　46, 48-72, 74, 79, 80,
　　　83, 85, 93-95, 100,
　　　101, 104, 105, 114, 126,
　　　134, 135, 144, 150, 154,
　　　180-182, 186-193, 195,
　　　196, 199-226, 229, 230,
　　　232, 235, 237-242, 244